Dagmar Scherf, geboren 1942 in Danzig; nach PH-Studium Promotion in Germanistik, dann Verlagslektorat; seit 1981 Schriftstellerin in Friedrichsdorf, Taunus.

Neben Erwachsenenliteratur (Roman, Erzählungen, Lyrik, Hörspiel, Sachbücher) hat sie zahlreiche Kinderhörspiele (1985 Hörspielpreis von «terre des hommes») und Kinderbücher geschrieben: «Das Geheimnis der schwarzen Puppe» (rotfuchs 788); «Mara und der Geist im Gockel» (1988); «Vorsicht: Paradies» (1989); «Geburtstagsbäume für alle» (1991) u. a.

Dagmar Scherf

Das Geisterradio

Bilder von Jub Mönster

rororo

Rowohlt

Lektorat Renate Boldt

Originalausgabe
Veröffentlicht im Rowohlt Taschenbuch Verlag GmbH,
Reinbek bei Hamburg, Januar 1998

Umschlagillustration Jub Mönster
Umschlaggestaltung Barbara Hanke
rotfuchs-comic Jan P. Schniebel

Gesetzt aus der Palatino (Linotronic 500)
Gesamtherstellung Clausen & Bosse, Leck
Printed in Germany
990-ISBN 3 499 20857 1

Die Schreibweise entspricht den Regeln der
neuen Rechtschreibung.

Inhalt

Großvaters Andeutungen und eine Bahnfahrt mit Folgen

Jan war gerade mit seiner Mutter beim Plätzchenbacken, als das Telefon klingelte.

«Hat man denn nicht mal ein paar Minuten Ruhe?» Mutter wischte sich das Mehl an der Schürze ab und stapfte wütend ins Wohnzimmer.

Jan sah ihr seufzend hinterher. Warum müssen Mütter kurz vor Weihnachten immer so genervt sein? Zur Beruhigung stopfte er sich ein extragroßes Stück Zimtstern-Teig in den Mund. Dann lauschte er in Richtung Wohnzimmer. Gleichzeitig fiel ihm ein, dass er beinahe vergessen hätte, Oliver anzurufen. Der wusste wahrscheinlich noch gar nichts von dem Treffpunkt, den er vorhin mit Big, Bennie und Alex für morgen ausgemacht hatte ...

«Ausgerechnet morgen?» Mutters Stimme klang am Telefon immer noch ziemlich genervt. «Hat das nicht Zeit bis zum ersten Feiertag? Da sehen wir uns doch sowieso. – Nein? – Was?» Es war eine Zeit lang still. «Ach, du Ärmster.»

Als Mutters Stimme wieder zu hören war, klang sie viel weicher als zuvor. «Hättest du das doch gleich gesagt. Natürlich komme ich. – Jan alleine? – Ausgeschlossen. Großer Junge, gut und schön, was seine Länge anbetrifft. Aber er ist gerade erst neun Jahre alt geworden!»

Jan spitzte die Ohren. Aber im selben Moment klingelte es an der Haustür. Draußen stand Oliver. Er hatte die Fäuste in die Taschen des schmuddeligen Anoraks gesteckt und rührte sich nicht. Trotz der roten Pudelmütze wirkte er noch kleiner und schmächtiger als sonst. Vielleicht lag das aber auch daran, dass er Fannie und Rick nicht mitgebracht hatte. Wenn er seine beiden heiß geliebten Husky-Hunde ausführte, sah Oliver viel größer, breiter und mächtiger aus.

«Ihr habt euch für morgen verabredet», stieß der Freund hervor, «ohne mir was zu sagen!» Ein kalter Windstoß fegte ein paar Schneekrümel in den Flur.

«Jetzt komm doch erst mal rein!» Jan marschierte vor Oliver her auf die Küche zu. «Ich wollte dich sowieso gerade anrufen, ehrlich! Big meint, dass wir morgen auf dem Waldweiher Eishockey spielen könnten.»

«Mit den Mädchen zusammen?» Oliver schnupperte. Sein Blick wanderte zu dem Brett hinüber, auf dem die fertig gebackenen Zimtsterne zum Auskühlen lagen.

«Mit welchen Mädchen?» Jan zog die Stirn kraus.

«Ein paar aus unserer Klasse und ein paar aus der 3b. Die sind heute schon auf dem Weiher rumgekurvt. Und für morgen haben sie sich wieder da verabredet. – Sag mal», Oliver schnupperte noch einmal, «brennt hier auch nichts an?»

Nach einem prüfenden Blick durch die Glasscheibe der Backofentür schüttelte Jan den Kopf. «Mädchen können doch überhaupt nicht Eishockey spielen!», brummte er gleichzeitig und zog verächtlich die Mundwinkel herunter. «Und außerdem ist das unser Weiher!» Er stopfte sich ein weiteres Stück Kuchenteig in den Mund. «Mann, das gibt Zoff. Die werden sich wundern, die fegen wir in null Komma nichts vom Eis!»

«Du redest schon genauso idiotisch wie Big!»

«Magst du?» Statt darauf zu antworten, angelte Jan einen

fertigen Zimtstern vom Brett und reichte ihn Oliver hinüber. Eigentlich war der ja sein bester Freund. Aber in letzter Zeit hatte er sich öfters mit Big getroffen. Big hieß eigentlich Arne, wohnte in derselben Straße wie Jan und war der größte und stärkste Typ in der 3a. Sozusagen das krasse Gegenteil von Oliver.

Jan schaute den Freund mit einem prüfenden Blick an.

«Sag mal, woher weißt du eigentlich, dass die Mädchen auf unseren Weiher wollen?»

«Ich hab vorhin Laura getroffen.»

«Ach die –» Jan wollte wieder verächtlich die Mundwinkel herunterziehen. Aber diesmal gelang es ihm nicht so richtig. Laura war schließlich Bigs Zwillingsschwester und schon deswegen etwas Besonderes. Außerdem kreischte und kicherte sie nicht so viel wie die meisten anderen Mädchen in der Klasse, die Big deswegen «die Kichererbsen» getauft hatte. – «Also abgemacht, wir treffen uns morgen um zehn Uhr am Waldweiher», sagte er hastig.

«Daraus wird nichts!» Plötzlich tauchte Mutter hinter ihnen auf. «Tut mir Leid.» Sie strich Jan über den Lockenkopf und schaute ihn mit einem merkwürdigen Blick an. Traurig und liebevoll zugleich. «Wir müssen morgen zum Großvater fahren.»

«Och – wieso das denn?» Jan schüttelte Mutters Hand ab. Eigentlich mochte er seinen Opa sehr gern. In den letzten zwei Jahren, seit sein Papa sich mit einer anderen Frau aus dem Staub gemacht hatte, war Opa für ihn fast so etwas wie ein Ersatzvater geworden. Und weil ziemlich zur selben Zeit die Oma starb, schien auch der Großvater den Enkel noch mehr zu brauchen als zuvor. – Aber ausgerechnet morgen? Wer weiß, wie lange der Waldweiher noch zugefroren bleibt! «Können wir nicht übermorgen fahren? Bitte, Liamama!»

Jans Mutter hieß mit Vornamen Lia. Wenn er sie besonders lieb hatte oder wenn er sie zu etwas überreden wollte, nannte er sie «Liamama».

Aber das half dieses Mal gar nichts. «Nein», lautete die Antwort, «das geht nicht. Übermorgen ist Großvater wahrscheinlich schon im Krankenhaus.»

«Waas?» Jan starrte seine Mutter ungläubig an.

Dass der Großvater tatsächlich krank war, wurde Jan erst klar, als er am nächsten Mittag an seinem Bett saß. Vor allem die Augen hatten sich verändert. Sie sahen aus, als hätte jemand einen Schleier über das strahlende Blau gezogen. Außerdem schien ihm das Atmen und Reden schwer zu fallen.

«Ihr Husten gefällt mir nicht», hatte der Arzt gestern gemeint. Er wollte heute Nachmittag wieder kommen und dann entscheiden, ob der Großvater ins Krankenhaus musste. «So lange bleiben wir auf jeden Fall bei dir», beschloss Mutter gleich zu Beginn des Besuchs und verzog sich dann erst einmal in die Küche, um einen Kräutertee zu kochen.

«Jetzt hör mir mal gut zu – mein Junge», begann der Großvater schwer atmend, kaum dass die Mutter aus dem Zimmer war. «Ich möchte dir etwas anvertrauen. – Nur dir – verstehst du?» Er schnappte nach Luft.

Jan fasste nach seiner Hand und merkte, dass er selber nach Luft schnappte. Dann knatterte ein Hubschrauber mit ohrenbetäubendem Lärm über die Dächer hinweg.

«Verstehst du?», flüsterte der Großvater noch einmal, als wieder Ruhe herrschte. «Es ist –», er begann zu husten, «etwas ganz Besonderes – und Kostbares. Es ist ...» Der Husten wurde schlimmer. Großvater griff an seinen Hals, als würde ihn jemand würgen, und deutete mit dem anderen Arm zum Nachttisch, wo vor seinem alten Kofferradio mehrere Arzneiflaschen standen.

«Brauchst du was?» Jan sprang auf. Dann rief er ängstlich nach seiner Mutter.

Glücklicherweise kam der Arzt, den Mutter sofort angerufen hatte, sehr schnell. Und der meinte, dass Großvater jetzt im Krankenhaus doch besser aufgehoben wäre.

Als Opa schon im Flur auf der Trage lag, mit der er in den Krankenwagen transportiert werden sollte, fasste er nach Jans Hand und sagte plötzlich sehr laut und deutlich: «Mein Radio!»

«Ach, ja.» Mutter lief sofort ins Schlafzimmer, um das Gewünschte in die Reisetasche zu packen, die sie in aller Eile mit den nötigsten Utensilien fürs Krankenhaus gefüllt hatte. Verstehen konnte sie es ja nicht, warum ihr Vater so an diesem Radio hing, das er früher einmal in sein Auto eingebaut hatte. Mindestens fünfundzwanzig Jahre war das Gerät alt und ständig fielen die Batterien unten heraus, weil sich das Fach nur noch mit Hilfe eines Einmachgummis notdürftig schließen ließ ...

Währenddessen hielt der Großvater draußen im Flur immer noch Jans Hand, drückte sie so fest, dass es wehtat, und flüsterte: «Du musst das Radio mit zu dir nach Hause nehmen, bitte. Da ist –» Weiter kam er nicht mehr, weil wieder ein Hubschrauber über die Dächer knatterte und der Arzt anschließend energisch zum Aufbruch mahnte.

Kurz nach sieben Uhr abends saßen die beiden schließlich wieder in der S-Bahn heimwärts. Mutter döste mit geschlossenen Augen vor sich hin. Jan presste die Lippen aufeinander und starrte aus dem Fenster. So ein Mist! Hätte dieser blöde Hustenanfall nicht ein paar Minuten später kommen können – ach was, vielleicht hätten sogar Sekunden gereicht! «Ich möchte dir etwas anvertrauen», hörte er Opas Stimme noch einmal ganz deutlich an seinem Ohr, «etwas ganz Besonderes – und Kostbares.» So ein verdammter Kackmist! Ein weiterer Satz hätte wahrscheinlich schon genügt, und Jan wüsste jetzt, was er gemeint hat. Er warf einen verächtlichen Blick auf die grüne Einkaufstasche, die neben ihm auf dem Sitz stand. Jetzt hat er mir stattdessen nur diesen Schrott von einem Radio mitgegeben!

Dann legte er erschrocken die Hand auf den Mund. Ich bin gemein. Hauptsache ist doch, dass Opa wieder gesund wird. Vielleicht kann er mir ja schon morgen alles erklären. Mutter hatte im Krankenhaus dafür gesorgt, dass ihm gleich ein Telefon ans Bett gestellt wurde. Und der Arzt meinte beim Abschied, dass sie sich keine ernsthaften Sorgen zu machen brauchten. Wenn keine Lungenentzündung daraus wird.

Zwei Stationen vor dem Nordbahnhof stieg ein alter Mann mit einem Schäferhund ein und setzte sich ans gegenüberliegende Fenster. Er trug eine verschlissene grüne Jacke und auf dem Kopf einen zerbeulten braunen Hut. Sah nach einem Penner aus. Gleich nachdem die S-Bahn wieder angefahren war, sackte sein Kopf müde nach unten, und sein rostroter Rauschebart kringelte sich über die Jacke.

Hellwach hingegen war sein Schäferhund, ein ungewöhnlich großes Tier mit grauweiß schimmerndem Fell. Er lag zwischen den Bänken auf dem Boden, hielt die Schnauze schnüffelnd in die Höhe, wedelte mit dem Schwanz und schaute dabei unverwandt zu Jan herüber.

«Na du?», flüsterte Jan.

Da spitzte der Hund die Ohren. Sie waren innen mit

dichten, flaumig weißen Haaren bewachsen. Auf der Schnauze schimmerte das Fell wie heller Wüstensand. Und diese warm leuchtenden gelben Augen! Das ist kein normaler Schäferhund! Jan strich sich die Lockensträhne aus der Stirn. Irgendwas an dem ist anders.

Merkwürdigerweise erinnerte er sich gleichzeitig an Großvaters Geistergeschichten. Kurz nach Oma Jettes Tod hatte er damit angefangen. Stundenlang konnte er die erzählen. Am liebsten mochte Jan die Geschichten von Fia und So, den Zwillingsgeistern. Von denen berichtete der Opa so, als würde es die wirklich geben. Und es fiel ihm immer wieder etwas Neues dazu ein. Mutter meinte, dass ihr Vater – sie nannte ihn meistens einfach Theo – in letzter Zeit ein bisschen spinnen würde mit seinem «Geisterfimmel». Das hätte er wahrscheinlich von Jette, der Großmutter, geerbt ...

Der merkwürdige Schäferhund schaute immer noch unverwandt schnüffelnd und mit gespitzten Ohren zu Jan herüber. Genauer gesagt, schien sein Interesse besonders der grünen Einkaufstasche zu gelten. Seine dunkelrote Zunge hing ihm weit aus der Schnauze hinaus. «Da ist nix zu fressen drin!», flüsterte Jan über den Gang hinüber.

Da heulte der Hund leise auf. Aber das klang anders als normales Hundejaulen. Viel melodischer, als würde er singen.

«Wie unheimlich!» Mutter war jetzt auch auf das Tier aufmerksam geworden. «Das erinnert mich an Wolfsheulen.»

«Ruhig, Bimiak!», brummte der alte Mann, ohne die Augen zu öffnen. Daraufhin legte ihm das Tier die Schnauze auf die Knie und ließ sich kraulen.

Um acht Uhr waren sie am Nordbahnhof angelangt und mussten eine halbe Stunde auf den U-Bahn-Anschluss warten. Der Bahnsteig war menschenleer. Freiwillig fährt schließlich am vierten Advent abends niemand durch die Gegend.

Jan saß neben seiner Mutter auf der Bank. Immer wieder kreisten seine Gedanken um dieses «Kostbare», das der Großvater ihm hatte anvertrauen wollen. Was könnte er nur damit gemeint haben? Sicher nicht sein kleines Haus mit den schiefhängenden blauen Fensterläden und der abblätternden gelben Wandfarbe. Mutter hatte kürzlich gesagt, dass Jan es später mal erben würde. «Es ist leider nicht mehr viel wert», hatte sie hinzugefügt, «seit sie in der Nähe diesen nervigen Militärflughafen gebaut haben und ständig die Hubschrauber über das Dach düsen.» Aber vielleicht hatte der Großvater irgendwo einen geheimen Schatz versteckt?

Mutter lehnte sich auf dem Sitz neben ihm noch weiter zurück und gähnte laut vor sich hin. Ob ich sie fragen soll?, überlegte Jan. Dann fiel ihm jedoch ein, dass der Opa dieses «Kostbare» ausdrücklich nur ihm allein hatte anvertrauen wollen.

Er schielte nach der grünen Einkaufstasche, die er achtlos rechts neben sich auf der Bank abgestellt hatte. Mann, ist das langweilig! Ob ich das Radio mal ausprobieren soll? Aber wer weiß, ob das uralte Ding überhaupt noch richtig funktioniert. Auf die Reklamewand schräg hinter ihm hatte jemand mit roter Farbe «Dany I love you for ever!» aufgesprüht. Mann, ist das langweilig. Hoffentlich kommt diese U-Bahn bald!

«Jetzt habe ich in der Aufregung total vergessen, dem Opa Plätzchen dazulassen!», fiel Mutter plötzlich ein. «Magst du welche?» Sie zog eine prall gefüllte Papiertüte aus ihrer Handtasche und reichte sie ihm hinüber.

«Mm! Gute Idee!» Erst jetzt merkte Jan, wie hungrig er

war. Genau in dem Moment, als er nach dem fünften Zimtstern greifen wollte, fuhr die sehnlich erwartete U-Bahn ein. Erleichtert sprang er mit der Kuchentüte in der Hand auf.

Draußen auf der Bank stand einsam und verlassen eine grüne Einkaufstasche.

Eine verzweifelte Suchaktion

Jan merkte es erst nach dem Abendessen. Er wollte sich gerade einen Zimtstern aus der Tüte angeln. «Großvaters Radio!!» Entsetzt starrte er Mutter an.

«Mensch! Hast du das etwa in der Bahn stehen gelassen?»

«Nein», Jan schob sich mit der Hand die Locken aus der Stirn, «nicht in der Bahn – am Nordbahnhof. Auf der Bank in der U-Bahn-Station.»

Die beiden sahen sich an. Es war inzwischen fast zehn Uhr. Um diese Zeit fuhr die U-Bahn nur noch jede Stunde einmal. Außerdem heulte jetzt ein heftiger Schneesturm ums Haus.

«So ein Kackmist!» Jan biss sich auf die Lippen.

«So alt, wie das Ding ist, steht's vielleicht morgen früh noch da», meinte Mutter schließlich. «Oder jemand gibt es im Fundbüro ab.»

Wohl fühlten sich beide trotzdem nicht. Schließlich wussten sie, wie sehr Großvater an seinem Radio hing. Was für einen Menschen ein ganz und gar wertloses Ding ist, kann für einen anderen der größte Schatz sein.

Am nächsten Morgen, es war Montag, der 23. Dezember, wurde Jan wach, weil das Telefon klingelte. Mutter rührte sich nicht.

«Bist du's, Jan?» Die Stimme am anderen Ende war sehr leise. Aber Jan erkannte sie sofort.

«Klar, Opa. – Wie geht es dir?»

«Ganz gut. – Hör mal zu –», es knackte in der Leitung, «das Radio – pass bloß gut darauf auf, ja?»

«Klar.» Jan biss sich auf die Lippen.

«Das ist nämlich – ein besonderes Radio. Das konnte ich dir – gestern nicht ... Eigentlich hätte dir Jette, deine Oma, sehr viel mehr erzählen können.» Eine Zeit lang war nur noch Großvaters Atem zu hören. Er klang wie ein leises Pfeifen. Dann folgte ein geflüsterter Satz, den Jan kaum verstehen konnte.

«Was hast du gesagt?»

Großvaters Stimme pfiff noch etwas, was wie «Füa» oder «Fia» klang. Dann war in der Nähe eine resolute Frauenstimme zu hören. «Schluss jetzt», rief sie laut, «das ist zu anstrengend für Sie!» Es knackte laut in der Leitung. Dann war alles still.

«Opa!», brüllte Jan. «Bist du noch da?» Aber es kam keine Antwort. Trotzdem lauschte er noch eine Zeit lang in den Hörer hinein. Er war sich jetzt ganz sicher, dass Großvater am Schluss mit pfeifendem Atem «Fia» gesagt hatte. Vielleicht wollte er ihm also eine neue Geschichte von Fia und So, den Zwillingsgeistern, erzählen? Aber was hatte er zuvor geflüstert?

«War das Großvater?» Mutter tauchte im Schlafanzug in der Wohnzimmertür auf. «Wie geht's ihm?»

«Ganz gut – und ich fahr jetzt gleich zum Nordbahnhof.»

So schnell hatte Jan sich noch nie angezogen.

Die fünf U-Bahn-Stationen kannte er in- und auswendig. Schließlich hatte Oliver früher am Nordbahnhof gewohnt. Erst vor einem Jahr, als sie sich die beiden Huskys zulegten, zog der Freund mit seinen Eltern in die Siedlung am Rand der Schrebergärten, also in Jans Nähe. Nordlandhunde brauchen schließlich viel Auslauf.

Obwohl der Wagen fast leer war, blieb Jan direkt an der Tür stehen. Normalerweise dauert die Fahrt dreizehn Minuten. Aber diesmal kam es ihm wie eine Ewigkeit vor. So ein Mist! So ein totaler Kackmist!! Jan ballte die Fäuste. Fahr doch, du blöde Bummelbahn, fahr!!

«Das ist nämlich – ein besonderes Radio», hörte er Großvaters Stimme dicht an seinem Ohr. Und was hatte er dann geflüstert? Geklungen hatte es so ähnlich wie: «Da ist etwas ganz Kostbares drin.» Oder etwas «ganz Wunderbares». War das also der Schatz, den er ihm anvertrauen wollte, bevor er gestern den Hustenanfall bekam? Und was hatte der mit Fia zu tun?

Plötzlich erinnerte Jan sich ganz genau, wie die erste Geschichte von den Zwillingsgeistern anfing. «Vor 2-mal 13 000 Jahren lebten viele Geister im Land Lupuslazuli», hörte er den Großvater erzählen. «Unter ihnen gab es auch ein Zwillingspaar. Es waren ein Mädchen namens Fia und ein Junge namens So. Sie glichen sich wie ein Geister-Ei dem anderen. Nur die Wölfe, mit denen sie einträchtig zusammenlebten, konnten die beiden unterscheiden. Die Wölfe waren überhaupt die einzigen Lebewesen, die die Fähigkeit besaßen, Geister zu sehen, zu riechen und zu hören ...»

Kurz nach Großmutter Jettes Tod, also ungefähr vor zwei Jahren, hatte Opa mit den Geschichten von So und Fia angefangen. Und bei jedem Besuch erzählte er sie in Fortsetzungen weiter. Aber immer nur, wenn er mit Jan allein war.

Die bisher letzte Geschichte, die Jan am zweiten Advent zu hören bekommen hatte, war besonders aufregend gewesen. Sie spielte nicht mehr im fernen Land Lupuslazuli, sondern fast schon in der Gegenwart, genauer gesagt «vor dreizehn und zwei Jahren», und da passierte etwas Schreckliches: So ging verloren. Und zwar bei seiner Lieblingsbeschäftigung, dem Versteckspielen. «Seitdem, also seit fünfzehn Jahren, sucht Fia verzweifelt nach ihrem Zwillingsbruder», hörte Jan den Großvater erzählen. «Und zwar mit allen möglichen und unmöglichen Mitteln ...»

Erst als ihn am Nordbahnhof die neu Einsteigenden anrempelten, kam Jan wieder zu sich. Er sprang hinaus, raste wie besessen auf den anderen Bahnsteig hinüber, flitzte die Bankreihe entlang, lief etwas langsamer wieder zurück, trottete noch zweimal hin und her, schaute schließlich unter jeden Sitz und in sämtliche Papierkörbe.

Dann wanderte sein Blick über die Reklamewände. «Dany I love you for ever!» stand direkt vor seiner Nase. Genau hier hab ich also gestern Abend gesessen. Er ließ sich auf die Bank fallen. Und da hat die Tasche gestanden. Er schloss die Augen. Man müsste einfach die Zeit zurückdrehen können, wie im Film: Es ist Sonntagabend, acht Uhr, Mutter sitzt links von mir und döst vor sich hin. Und da ist die grüne Einkaufstasche. Jan streckte die Hand nach rechts aus.

Seine Hand begann, ohne dass er es so richtig merkte, über dem Sitz zu kreisen. Zaubern müsste man können! Alle Hexen der Welt um Hilfe bitten. Oder Fia und So. Aber die sind ja selber verzweifelt auf der Suche.

Tränen stiegen in Jans Augen. Er vergrub den Kopf in den Händen. Er hatte das Gefühl, als ob er nicht nur Großvaters Radio, sondern auch die Zwillingsgeister verloren hätte.

Erst jetzt spürte er, wie sehr er die beiden während Großvaters Erzählungen lieb gewonnen hatte. Fast wie Geschwister waren sie ihm vorgekommen. Phantastische und verrückte Geschwister, die sich mit allen Tieren unterhalten und in den Gedanken der Menschen herumspazieren konnten, als wäre es das Selbstverständlichste von der Welt. Und natürlich konnten sie durch jedes Schlüsselloch schlüpfen und in Sekundenschnelle überallhin fliegen. Also könnten sie bestimmt auch ein Radio wieder finden ...

So ein Mist! So ein absolut totaler Kackmist!! Nachdem Jan noch ein letztes Mal die Bankreihe abgesucht hatte, machte er sich schließlich zum Fundbüro auf. Das lag einen Stock höher, neben dem Fahrkartenschalter. Den Tipp hatte ihm Mutter gegeben.

Er lief hastig die Treppe hinauf. Auf der vorletzten Stufe blieb er jedoch stehen und legte den Kopf schräg. Oben in der Halle war ein lautes Heulen zu hören. Es klang unheimlich. Fast wie ein Wolf. Jan schob sich die Lockensträhne aus der Stirn. Das kenne ich doch? Das Heulen ging in wütendes Bellen über.

Jan lief schnell die restlichen Stufen hinauf. Als er in die Halle einbog, wäre er fast mit zwei Polizisten zusammengestoßen.

«Man sollte den Pennern die Hunde wegnehmen!», schimpfte der eine vor sich hin.

«Lass mal», erwiderte der andere, «ein bisschen Wärme braucht jeder Mensch.»

In der Halle waren kein Hund und kein Penner zu entdecken.

«Ein altes Kofferradio?», brummte der Mann hinter dem Schalter des Fundbüros. «Das wäre ein Wunder, wenn das jemand hier abgeben würde.» Dann musste Jan erst einmal ein furchtbar kompliziertes Formular ausfüllen. «Ich glaube, das kannst du vergessen», brummte der Mann weiter, als Jan ihm das Papier schließlich hinüberschob. «War es denn so wertvoll?», fragte er etwas freundlicher, als er Jans verzweifelten Blick sah.

«Na ja – also direkt nicht», stotterte Jan, «nicht für andere. Aber es hat meinem Großvater gehört.»

«Wenn es auftauchen sollte, rufe ich gleich bei euch an!», versprach der Mann.

Ich hätte die Polizisten fragen sollen, dachte Jan auf der Rückfahrt. Wenn jemand das Radio geklaut hat, und er wird geschnappt, wohin bringen sie dann das Gerät? Doch wahrscheinlich nicht ins Fundbüro, oder?

Ob Big da eine Idee hat?, überlegte er weiter, als er die Rolltreppe aus der U-Bahn-Station hinauffuhr. Der große Big, den nur seine Zwillingsschwester Laura «Biggie» nennen durfte, hatte schließlich in fast allen Lebenslagen schlaue Ratschläge parat.

Durch die Straßen fegte ein eiskalter Wind. Jan zog sich das Stirnband über die Ohren. – Hoppla! Beinahe wäre er mit einem Ampelmast zusammengestoßen. Im selben Moment hatte er sich nämlich Bigs Reaktion vorgestellt. Häh, ein Kofferradio suchst du?, würde der verächtlich zurückfragen und dabei den Kaugummi von einem Mundwinkel in den anderen schieben. Was willste denn damit? So was gibt's doch höchstens noch im Museum! – Und dann würde er wahrscheinlich wieder mal von den neuesten Ghetto-Blastern und CD-Walkmen schwärmen.

Jan stand immer noch vor dem Ampelmast. Während er sein Stirnband höher schob, starrte er ihn nachdenklich an. Dass das Radio seinem Großvater gehört, fände Big wahrscheinlich auch nicht sonderlich aufregend. Und wenn er ihm etwas von einem «irgendwie kostbaren Inhalt» erzählen würde? Aber wollte er das überhaupt? Erst einmal müsste man auf jeden Fall genauer wissen, was denn nun in diesem Radio versteckt ist. Und dann müsste man einen Plan machen, seinen ganzen kriminalistischen Spürsinn spielen lassen …

Jan war kein großer Bücherwurm, aber Detektivgeschichten las er mit Begeisterung. Und meistens bekam er die Lösung viel früher heraus, als sie dort schwarz auf weiß stand. Das wäre doch gelacht! Er versetzte dem Ampelmast einen kräftigen Fausthieb und marschierte entschlossen weiter. Gut, dass jetzt Weihnachtsferien sind! Plötzlich fühlte er sich richtig unternehmungslustig. Gleichzeitig fiel ihm Oliver ein. Den sollte er in die Geschichte einweihen! Der würde ihn bestimmt verstehen und mit Feuereifer bei der Suche helfen. Hatte er nicht sogar einen Onkel bei der Polizei? Vielleicht wären sogar Fannie und Rick irgendwie nützlich dabei! Ob Hunde ein Radio riechen können?

Im Platanenweg, kurz vor der eigenen Haustür, fiel ihm ein, dass er noch gar nicht wusste, wie das Eishockeyspiel gestern gelaufen war.

Vom anderen Ende der Straße, dort, wo Big und Laura wohnten, kam ihm ein Mädchen entgegen. Es sauste im Slalom um die Platanen herum, die dem Weg seinen passenden Namen gegeben hatten. Allerdings sahen die gestutzten Alleebäume rechts und links der Straße jetzt eher wie knorrige Gespenster aus.

Das Mädchen kam näher. Pinkfarbener Anorak, blaue Zipfelmütze über den roten halblangen Haaren. Sah unverkennbar nach Laura aus. Jan schob sein Stirnband höher und überlegte, ob er schnell auf die andere Straßenseite wechseln sollte. Aber so kurz vor der eigenen Haustür würde das ziemlich komisch aussehen. Und irgendwie war es ja auch schön, dieses Mädchen zu treffen. Wenn man nur nicht immer so hin und her gerissen wäre!

«Hei, Jan!», rief ihm Laura schon von weitem entgegen. Bis vor ungefähr einem Jahr waren Big und sie die einzigen Kinder in der Grundschule gewesen, die immer «Hei» sagten, wenn sie jemanden trafen. «Eigentlich schreibt sich das ‹Hi› und ist amerikanisch», hatte Big damals großspurig erklärt. Inzwischen war diese Art von Kurzgruß in der Schule Mode geworden.

«Hallo», brummte Jan, wollte an Laura vorbeigehen und blieb doch stehen.

«Sei bloß froh, dass du gestern am Waldweiher nicht dabei warst!», legte Laura los. Dabei blitzte sie ihn wütend aus ihren grünen Augen an.

«Wieso?»

«Weil ich seitdem einen totalen Hass auf alle Jungs hab.»

«Hm? Spinnst du?»

«Nö, die haben gesponnen. Wie die da mit ihren Eishockeystöcken auf uns Mädchen losgegangen sind – total bescheuert, sag ich dir.» Lauras Lippen zitterten – vielleicht vor Kälte, vielleicht aber auch vor Wut. «Nur der Oliver hat nicht mitgemacht. Er hat sogar gebrüllt, dass die mit dem Schwachsinn aufhören sollen. Aber das hat natürlich nichts genützt. Wenn er wenigstens seine Hunde dabeigehabt hätte! Aber so. – Hm.» Sie fuhr sich nachdenklich mit dem Zeigefinger die Stirn auf und ab. Dann lächelte sie Jan an. «Eigentlich doch schade, dass du nicht da warst. Auf dich hätten die Idioten vielleicht gehört.»

Jans Stirnband war schon wieder heruntergerutscht. Er schob es höher und kaute gleichzeitig auf seiner Unterlippe herum. Einerseits fühlte er sich natürlich geschmeichelt, dass Laura ihm so viel Einfluss auf die Gruppe zutraute. Andererseits war er sich gar nicht sicher, auf welche Seite er sich geschlagen hätte. Man müsste erst einmal wissen, was wirklich los war. Aber das sollte er besser jemand anderen fragen. Laura lächelte ihn immer noch an. Er räusperte sich. «Was hat denn Big gemacht?»

«Big?» Lauras Miene wurde stockfinster. «Wer ist das denn?»

«Spinnst du?» Jan tippte sich an die Stirn. «Seit wann kennst du deinen Bruder nicht mehr?»

«Seit gestern.»

Zwillings-Geburtstag am Heiligen Abend

In der Familie Lehner, also bei Laura und Big, ist der Heilige Abend schon morgens ein Feiertag. Gleich nach dem Frühstück gibt es die ersten Geschenke. Und abends unter dem Weihnachtsbaum liegen die nächsten. Die Zwillinge sind nämlich echte Christkinder: Sie kamen am 24. Dezember zur Welt. Da muss es eben zweimal etwas geben. Alles andere wäre ja ungerecht.

Am neunten Geburtstag gab es von Anfang an dicke Luft. Auch zwischen den Eltern. Schon um halb acht Uhr hatte der Pfarrer der benachbarten Sankt-Ursula-Gemeinde angerufen, weil die elektrische Heizung in seiner Kirche kaputtgegangen war. «Ausgerechnet an Heiligabend, Herr Lehner!», beschwor der Geistliche den Vater. «Da brauche ich dringend Ihre Hilfe! Um vier Uhr ist Gottesdienst.» Vater Lehner ist Elektromeister. Und noch dazu ein besonders pflichtbewusster. «Ich komme gleich nach dem Frühstück rüber!», versprach er dem Pfarrer.

«Den Geburtstag der Kinder hast du wohl vergessen, was?», fauchte Mutter ihn an, als er in die Küche kam. «Und die Geschenke sind auch noch nicht eingepackt!»

«Wie willst du denn zwei Schlitten einpacken?», fauchte Vater zurück.

Dieses größte Geschenk hatte Mutter durchgesetzt. Vater meinte, dass sich Schlitten heutzutage nicht mehr lohnen.

«Hier gibt es doch gar keinen richtigen Winter mehr», hatte er argumentiert. «Da rutschen die Kinder, wenn's hoch kommt, drei Tage mit den Dingern durch die Gegend, und den Rest des Jahres stehen sie nur rum und rosten.»

Aber nun war in der letzten Woche so viel Schnee gefallen wie seit Jahren nicht mehr. «Also, wenn ich zu diesem Geburtstag wieder keinen Schlitten bekomme», hatte Laura daraufhin gedroht, «dann könnt ihr was erleben! Dann setze ich mich nämlich gleich am ersten Feiertag morgens mit meiner Blockflöte auf die Straße und spiele so lange Weihnachtslieder, bis ich genug Geld für einen Schlitten beisammenhabe.» Arne, wie die Eltern Big bei seinem richtigen Namen nannten, drückte sich zwar nicht so deutlich aus; aber was Laura sich wünschte, wollte er erfahrungsgemäß auch selbst haben.

Das diesjährige Buchgeschenk hatte Vater ausgesucht. Es war ein großer Bild- und Textband mit dem Titel «Der weiße Wolf»*. Es ging da um zwei Forscher, die monatelang ein Wolfsrudel in der Arktis beobachtet und fotografiert hatten. Auch wenn Mutter zugab, dass sie vor diesen Tieren eine höllische Angst hat, stimmte sie dem Geschenk doch zu. Schließlich waren die Zwillinge seit gut einem Jahr regelrecht verrückt nach allem, was mit dem Leben von Wölfen zusammenhängt.

«Wo stecken die beiden eigentlich?» Vater horchte ins Haus. «Es ist so ungewöhnlich still.»

Mutter seufzte auf. «Irgendwas ist zwischen den beiden. Hast du das noch nicht gemerkt? Schon seit vorgestern Abend reden sie nicht mehr miteinander und gehen sich möglichst aus dem Weg.»

* Weitere Bücher zum Thema ‹Wolf› siehe Ende des Buches.

«Und warum?»
«Keine Ahnung.»
«Na, das kann ja ein heiterer Geburtstag werden!»

Eine Stunde später zog Laura ihren neuen Schlitten auf dem Feldweg zwischen den dick verschneiten Schrebergärten den Höllbuckel hinauf. Sie war allein. Allein mit einem Traum. Die Expedition auf der Spur der Wölfe! Darum hatte sie sich doch unbedingt den Schlitten zum Geburtstag gewünscht. Auch wenn es hier natürlich keine Wölfe gab, konnte man ja schon mal so eine Expedition ausprobieren. Eigentlich hatte sie mit Biggie zusammen davon geträumt. Aber einen Biggie gab es ja seit Sonntag nicht mehr.

Sogar vorhin am Geburtstagstisch hatte sie versucht, stur an dem Bruder vorbeizuschauen. Trotzdem merkte sie, dass er sich über den Schlitten längst nicht so freute wie sie selbst. Neue Schlittschuhe wären ihm vermutlich lieber gewesen.

Laura blieb stehen. Was gehen mich die Wünsche dieses – dieses ehemaligen Bruders eigentlich noch an? Dass er keine Schlittschuhe bekommen hat, geschieht ihm ganz recht. Die würde er doch nur für neue Gemeinheiten gegen uns Mädchen benutzen!

«Die Kichererbsen!», schnaubte Laura wütend. Ihr Atem dampfte in der Winterluft. Und plötzlich sah sie die Szene von Sonntagmorgen noch einmal ganz deutlich vor sich. Die HUSKYS, wie sich die Mädchengruppe schon am Samstag auf dem Waldweiher selbst getauft hatte, traf sich, wie verabredet, um neun Uhr wieder dort. Diesmal sollte es ein richtiges Eishockeyspiel werden. Bine hatte einen echten Puck mitgebracht. Nina und Nadine markierten die Tore, zwei weitere Dreiergruppen von Spielerinnen standen auf ihren Schlittschuhen bereit.

Da preschte plötzlich mit lautem Kriegsgeheul diese Jungenhorde durch die Büsche. Allen voran Big und gleich hinter ihm Bennie, Alex und mindestens zehn weitere Typen aus den dritten Klassen. «Verpisst euch, ihr Kichererbsen!» – «Geht Puppen spielen!» – «Eishockey ist nichts für Mädchen!» – «Ab zu Mami!» – Das waren noch die zahmsten Sprüche.

Natürlich brüllten die HUSKYS auch nicht gerade zahm zurück. Und natürlich gaben sie den Weiher nicht kampflos her. Als die Jungen mit ihren Stöcken auf sie losstürmten, zogen sich zwar ein paar Mädchen aus der 3b zum Rand zurück, aber Laura, Bine, Nina und Nadine blieben standhaft auf dem Eis stehen. Und dann sah Laura, wie Big kurz mit Alex tuschelte ...

Obwohl sie innerlich vor Wut kochte, hatte sie bis zu diesem Moment noch gehofft, den Bruder mit Worten und Blicken zur Vernunft bringen zu können. Weil er eindeutig der Anführer war, hätte das vermutlich gewirkt. Am vernünftigsten wäre es gewesen, einfach zusammen Eishockey zu spielen. Aber das wollten die Blödmänner auf keinen Fall. Natürlich hätte man sich auch auf bestimmte Zeiten einigen können, zum Beispiel, dass die Mädchen vormittags und die Jungen nachmittags freie Bahn haben. Zur Not hätten sich die Gruppen die Eisfläche vielleicht sogar teilen können. Auch Oliver, der am Weiherrand stehen geblieben war, versuchte zu vermitteln. Aber dann schickte Big den Alex los. Und der kam direkt auf Laura zu ...

«Du Blödmann, du hirnrissiger!!», hatte Laura laut gebrüllt und dabei weniger Alex als Big gemeint.

Und: «Du Blödmann, du hirnrissiger!!», schrie sie auch jetzt noch einmal laut in die sonnige Winterluft. Na warte!

Vor ihr auf dem Feldweg lag ein faustgroßer Eisbrocken. Sie nahm Anlauf und kickte ihn in hohem Bogen beiseite. Autsch! Sie fasste nach ihrer Stiefelspitze. «Blödmann!», wollte sie noch einmal brüllen. Aber aus ihrer Kehle kam nur ein Krächzen. Der Fuß tat verdammt weh. Der dritte «Blödmann» ging im Schluchzen unter.

Sie fühlte sich plötzlich furchtbar allein. Wie abgeschnitten. Als hätte es bisher ein unsichtbares Band zwischen dem Bruder und ihr gegeben, das jetzt zerrissen war. Alle Spiele fielen ihr wieder ein, die sie mit Biggie zusammen gespielt hatte, aller Blödsinn, alles gemeinsame Lachen und Traurigsein. Natürlich hatten sie sich auch mal gestritten und waren wütend aufeinander gewesen. Aber das Band war dabei nie endgültig zerrissen.

Aus der Traum. Durch die Tränen hindurch starrte Laura ihren Schlitten an. Vor einer Stunde hatte sie noch einen Luftsprung gemacht, als sie das Geschenk entdeckte. Und jetzt kam ihr auch das wie abgeschnitten vor. Irgendwie nur ein halber Spaß. Erst wenn man ein zweites Gefährt dranbinden könnte, wäre das eine ganze, runde Sache.

Aus der Traum. Laura wischte sich die Tränen aus dem Gesicht und stapfte mit zusammengebissenen Zähnen weiter. Dann werde ich später eben alleine Wolfsforscherin!

Mit einer Sendung im Fernsehen hatte die Begeisterung der Geschwister angefangen. Da ging es um die Weißen Wölfe der Arktis. Zwei Forscher hatten einen Sommer lang ein Rudel aus nächster Nähe beobachtet und gefilmt. Schon damals waren Laura und Big sich völlig einig, dass es die schönsten Tiere sind, die es überhaupt gibt. Und dass die Geschichte vom «bösen Wolf» ein dummes Märchen ist. Wie zärtlich zum Beispiel das ganze Rudel mit den niedlich-tapsigen Jungen umgeht! Und wie herzzerreißend sie alle miteinander mit zum Himmel erhobenen Schnauzen heulen können!

Vor vier Wochen war es dann so weit. Laura erinnerte sich ganz genau an den Abend. Sie hockten gemeinsam auf Bigs Bett. Um sie herum lagen alle Wolfsbücher, die sich im Laufe der Zeit auf dem Bücherbrett des Bruders angesammelt hatten. Da fingen sie zum ersten Mal von einem gemeinsamen Forscherleben zu träumen an.

Sie stapften mit Filmkamera und Mikrofon durch dick verschneite Wälder. Auf den Schlitten, die sie hinter sich herzogen, waren Lebensmittel, ein Zelt, Schlafsäcke und vieles andere verpackt, was man für eine Expedition braucht. Nach langer vergeblicher Suche stießen sie plötzlich auf die ersten Spuren im Schnee. Kurz darauf hörten sie das Heulen. Zunächst sehr leise aus der Ferne ...

Das gibt's doch nicht! Auf dem Höllbuckel, von wo aus man die ganze Schrebergartensiedlung überschauen kann, blieb Laura plötzlich stehen und riss sich die Zipfelmütze vom Kopf. Hatte da nicht eben auch etwas geheult? Sie spähte über die verschneiten Gärten. Dann legte sie die Hand über die Augen, blinzelte gegen die Sonne und murmelte: «Ach, ihr seid das!»

Unten auf dem Feldweg sausten zwei Husky-Hunde mit einem Schlittengefährt entlang. Auf den Schlitten saßen drei Gestalten. Die vorderste mit roter Pudelmütze war eindeutig Oliver. Die hinter ihm hockende trug ein lila Stirnband und sah nach Jan aus. Jetzt hatten die beiden Laura offenbar auch entdeckt. Jedenfalls dirigierte Oliver seine Hunde auf den Weg, der direkt zu ihr auf den Höllbuckel hinaufführte. Sie kamen ihr winkend und rufend entgegen. Die dritte Gestalt, die auf dem zweiten, angebundenen Schlitten saß, rührte sich nicht. Laura biss sich auf die Lippen. – Es war Big.

Plötzlich hörte sie wieder dieses Heulen. Diesmal ziemlich in der Nähe. Aber aus Fannies oder Ricks Kehle kam das eindeutig nicht. Es klang wirklich wie ein Wolf.

Radio Sofia oder Detektive unter sich

Auch Big hatte das Heulen gehört. Gleichzeitig entdeckte er jedoch Laura oben auf dem Höllbuckel. Er biss auf seinem Kaugummi herum. Die hat mir gerade noch gefehlt!

Als sie vor einer Stunde allein mit ihrem Schlitten losgezogen war, kam er sich verdammt verlassen vor. Aber jetzt sollte sie ja nicht glauben, dass er hinter ihr hergeschlichen wäre. Bloß gut, dass er unterwegs die beiden Klassenkameraden getroffen hatte und sich mit seinem Schlitten bei denen anhängen konnte.

«Stopp!», schrie er laut nach vorn.

«Warum denn?» Oliver verdrehte sich fast den Hals, um Big auf dem zweiten Schlitten hinter ihm ins Gesicht schauen zu können. Es war fast genauso rot wie seine vom Fahrtwind zerzausten Haare. Außerdem zog er mal wieder seine Stupsnase kraus. Also höchste Alarmstufe, Oliver kannte das. Er riss an den Leinen und rief den Hunden ein lautes «Steeeh!» zu.

Kaum, dass Fannie und Rick laut hechelnd angehalten hatten, sprang Big vom Schlitten. «Umdrehen!», befahl er. «Auf der Stelle.»

«Sag mal, du hast doch nicht etwa Angst vor deiner Schwester?» Jan erhob sich ebenfalls und zog spöttisch die Mundwinkel herunter. Dann spähte er den Hügel hinauf. Eigentlich war er sich selbst mal wieder nicht sicher, ob er mit Laura zusammentreffen wollte oder nicht.

«Willst du mich beleidigen?» Bigs Stupsnase krauste sich immer noch. Mit entblößten Zähnen biss er wütend auf seinem Kaugummi herum. «Ich hab doch keine Angst vor 'ner Kichererbse.»

Etwas anderes war Laura seit Sonntag für ihn nicht mehr. Allerdings benahm sie sich eher wie eine beleidigte Leberwurst. Dabei hatte er Alex am Waldweiher gar nicht auf sie losgehetzt, ganz im Gegenteil. Alex hatte ihn feixend gefragt, ob er sich sein Schwesterchen vornehmen dürfte. Aber dann hatte er die Antwort nicht abgewartet. Big spuckte den Kaugummi in den Schnee. Er hätte Laura das alles hinterher erklären können. Aber da hatte sie sich schon in die beleidigte Leberwurst verwandelt, war also taub und total stinkig. Dann eben nicht!

Weil Oliver keine Anstalten zum Umdrehen machte, begann Big, seinen funkelnagelneuen Schlitten loszubinden. Mit einem kurzen «Ihr könnt mich mal!» verschwand er bergab.

Auch von Laura war nichts mehr zu sehen.

Irgendwo dort, wo sie gestanden hatte, heulte ein Hund laut auf. Oliver sprang vom Schlitten, weil die Huskys unruhig an den Leinen zogen und im Schnee zu buddeln begannen.

«Gut, dass wir endlich alleine sind!» Jan seufzte erleichtert auf.

Oliver nickte. «Ich weiß sowieso nicht, was du an Big findest.»

Jan hob die Schultern hoch. Manchmal wusste er das selbst nicht genau.

Dann sahen sie eine Weile den Hunden zu. «Die tun fast so, als wäre das Radio hier vergraben!», meinte Jan irgendwann. Gestern Nachmittag hatte er den Freund eingeweiht. Und der hatte wie erwartet reagiert ...

Jetzt lachte Oliver erst einmal laut auf und kraulte die Huskys zwischen den Ohren. «Die müssen immer irgendwas aufbuddeln», erklärte er. «Hast doch mitgekriegt, wie unser Garten im Sommer ausgesehen hat. Fannie benimmt sich da noch verrückter als Rick.»

«Wie kannst du die eigentlich unterscheiden?» Jan schaute prüfend zwischen den Hunden hin und her. Sie hatten das gleiche sandfarbene Fell, die gleichen über den Rücken gerollten Schwänze, die gleichen dreieckig spitzen Ohren –

«An den Augen, schau doch.» Oliver ging vor den Huskys in die Hocke. Jan hockte sich neben ihn. «Bei Rick sind sie beide gleich blau. Bei Fannie ist eins grün und eins blau. – Aber sag mal», er richtete sich auf, «gibt's was Neues zum Thema Radio?»

«Ja. Was Aufregendes und was Rätselhaftes.» Jan legte den Arm um Olivers Schulter.

Langsam gingen sie zu Fuß neben den Hunden her bergauf.

Seit gestern Nachmittag war eine neue Vertrautheit zwischen den Freunden gewachsen. Gleich nachdem Jan in kurzen Worten von dem verlorenen Radio und seinem «irgendwie kostbaren Inhalt» erzählt hatte, begann Oliver mit Feuereifer Ideen zu entwickeln. «Erst mal gehen wir zu meinem Onkel auf die Polizeistation», schlug er vor, «außerdem sollten wir überall Zettel aufhängen», sprudelte es aus ihm heraus, «vielleicht auch eine Suchmeldung in die Zeitung setzen. – Natürlich sollten wir nicht verraten, dass was Kostbares drin versteckt ist», fügte er im Flüsterton hinzu, «nur das Radio möglichst genau beschreiben. Kannst du das?»

«Klar», meinte Jan. «Das Ding stand ja schon, seit ich ein Baby war, auf Großvaters Nachttisch.»

Olivers Onkel entpuppte sich als der netteste Polizist, den Jan je erlebt hatte. Und er verstand sehr schnell, warum es so wichtig war, dieses Radio wieder zu finden. Da brauchte Jan gar nichts von einem «besonderen Inhalt» zu erzählen. Dass sein Großvater so daran hing, genügte vollauf.

«Als Kind habe ich mal wochenlang wie besessen nach einer kleinen, bunten Glaskugel gesucht», begann Olivers Onkel zu erzählen, während er den Computer anschaltete. «Da haben mich alle für verrückt erklärt. Sie wussten eben nicht, dass das meine Glückskugel war.»

«Und – haben Sie sie wieder gefunden?», wollte Jan wissen.

«Natürlich. Sonst wäre es ja keine Glückskugel gewesen. – Also, ich höre», sagte er dann abrupt und legte die Finger auf die Tasten.

«Es war ein ‹Blaupunkt Derby de Luxe›, etwa fünfundzwanzig Jahre alt», begann Jan seine Beschreibung, «und es war ungefähr so groß wie ein dickes Telefonbuch.»

«Es *ist*», korrigierte ihn der Polizist mit Nachdruck.

«Ja.» Plötzlich sah Jan das Radio so deutlich vor sich, dass er jede winzige Einzelheit beschreiben konnte. Der blaue Einmachgummi, der um das ganze Gerät herumgespannt war, damit die Batterien aus dem kaputten Fach an der Unterseite nicht herausfielen. Die staubige Oberseite mit der Skala und den sechs mattsilbernen Knöpfen, die man drücken musste, um einen bestimmten Wellenbereich einzustellen. Die beiden Drehschalter links, einen zum Ein- und Ausschalten, den anderen für die Höhen- und Tiefenregelung. Schließlich erinnerte Jan sich sogar an einige Ortsnamen auf der Skala, die ihn als Kind fasziniert hatten. «Wien» stand da, «Luxemburg», «Monte Carlo» ...

Und stand da nicht auch «Sofia»?

«He!» Oliver blieb stehen und boxte Jan in die Seite.

«Du starrst ja nur dauernd Löcher in die Luft. Jetzt rück doch endlich mit der Sprache raus. Was gibt's Aufregendes oder rätselhaftes Neues?»

Jan schob sein Stirnband hoch. «Entschuldige», murmelte er. Sie waren inzwischen auf der Kuppe des Höllbuckels angelangt, also genau da, wo vorhin Laura stand. Weil es nicht weiterging, fingen die beiden Huskys gleich wieder im Schnee zu buddeln an. Irgendwo in der Nähe heulte ein Hund laut auf.

Jan war jedoch immer noch nicht ganz in die Gegenwart zurückgekehrt. «Radio Sofia», murmelte er leise vor sich hin und schüttelte den Kopf.

«Wie bitte?», fragte Oliver, während er zugleich Fannie und Rick zu bändigen versuchte.

Jan blinzelte in die gleißende Mittagssonne. Er sah wieder das Radio vor sich. Noch deutlicher als gestern auf der Polizeistation. Die roten Punkte habe ich vergessen, fiel ihm ein. Die hatte Großvater auf die Skala geklebt, damit er seine Lieblingssender schneller finden konnte. Und bei dem Ort «Sofia», da war Jan sich plötzlich ganz sicher, klebte auch so ein Punkt. Wenn er sich nicht täuschte, war da sogar ein dickes Ausrufezeichen draufgemalt ...

Jan holte tief Luft. «Also, mein Großvater hat gestern Nachmittag, während ich bei dir war, noch mal aus dem Krankenhaus angerufen», begann er nun endlich zu erklären.

«Ja – und?» Oliver zog heftig an der Schlittenleine.

«Er wollte meiner Mutter anscheinend nichts Genaueres verraten. Weil es doch ein Geheimnis zwischen ihm und mir ist. Er hat mir nur ausrichten lassen, dass ich ‹Radio Sofia› einschalten soll. Da könnte ich sie hören.»

«Wen – sie?» Oliver blinzelte ihn verständnislos an.

«Das verstehe ich eben auch nicht.»

«Vielleicht eine Stimme, die dir was über den Schatz verrät?»

«Hm.» Jan rieb sich die kalte Nase. «Vielleicht finden wir das ja auch selber raus. In der Hinsicht bin ich gestern Abend jedenfalls ein aufregendes Stück weitergekommen.»

«Ja, und?»

«Ich hab mir erst mal überlegt, wo man in so einem alten Kofferradio überhaupt was verstecken kann.»

Oliver reagierte prompt. «Im Batteriefach zum Beispiel.»

«Das ist zumindest am einfachsten. Aber da kommen Diebe natürlich auch am leichtesten ran.»

«Aber sonst? – Kann man das Radio denn irgendwo aufschrauben?»

«Ich glaub schon. Nur, hab ich mir als Nächstes überlegt, ist ja nirgends viel Platz.»

«Der Schatz müsste also sehr klein sein.»

«Genau. Klein, aber kostbar. Was fällt dir dazu als Erstes ein?»

Auch jetzt dachte Oliver nicht lange nach. «Rauschgift zum Beispiel, eine kleine Tüte Heroin? So was ist ziemlich teuer.»

«Spinnst du?», fauchte ihn Jan an. «So was besitzt doch mein Großvater nie im Leben. Und wenn, dann würde er es jedenfalls nicht mir anvertrauen!»

«Stimmt.» Oliver zog sich die Zipfelmütze über die Ohren. «Aber wie wär's mit Schmuck? Ein Fingerring, mit Diamanten zum Beispiel?»

«Vielleicht.» Genau das war letzte Nacht auch Jans Idee gewesen. Zunächst hatte er sich daran erinnert, dass Großvater gestern früh am Telefon von Großmutter Jette gesprochen hatte. Sagte er nicht, dass die viel mehr über das Radio – oder über dessen Inhalt? – gewusst hätte? Und dann fiel ihm plötzlich dieser glitzernde Ring an Großmutters linker Hand ein. Wo war der nach ihrem Tod vor zwei Jahren geblieben? Aber das sollte er nachher erst einmal – ganz unverfänglich – Mutter fragen, bevor er mit Oliver weiterüberlegte.

In der Nähe heulte wieder dieser Hund, und die Huskys wurden unruhig.

«Lass uns heimfahren», schlug Jan vor.

Allein auf der Spur der Wölfe

Laura hatte zwar noch gesehen, dass das Hundeschlitten-Gespann auf halber Höhe plötzlich anhielt. Und das offenbar nur, weil Big den Befehl dazu gegeben hatte. Dass der Bruder kurz darauf bergab verschwand, bekam sie jedoch nicht mehr mit. Sie setzte sich stattdessen schleunigst auf ihren Schlitten und sauste den Höllbuckel auf der anderen Seite hinunter. Deswegen war sie ja eigentlich nach oben gestiegen. Der Fahrtwind trieb ihr Tränen in die Augen.

Sie biss die Zähne aufeinander. Lassen sich Jan und Oliver tatsächlich von diesem Blödmann rumkommandieren! Und ich dachte, das wären die einzigen vernünftigen Typen unter all diesen Idioten. Da kannst du die beiden also auch vergessen. «Alle Jungs sind Blödmänner!», brüllte sie laut in die Winterluft. «Pah! Ihr könnt mich mal!!» Je weiter sie zwischen den alten Obstbäumen bergab fuhr, umso wohler und freier fühlte sie sich.

Als der Schlitten unten auf einem Querweg zum Halt kam, blickte sie sich um. Niemand folgte ihr. Sie war allein. Allein auf der Spur der Wölfe.

Sie dachte an das gemeinsame Buchgeschenk: «Der weiße Wolf – mit einem Wolfsrudel unterwegs in der Arktis.» Der große Bildband hatte unverpackt auf dem Gabentisch gelegen, und Laura merkte sofort, dass es das Buch zu dem Fernsehfilm war, mit dem vor gut einem Jahr alles anfing. Sie hatten die Sendung damals auf Video aufgezeichnet und inzwischen bestimmt ein Dutzend Male angesehen. Darum erkannte Laura das Tier auf dem Buchumschlag auch sofort. Es war eindeutig «Mom», die besonders zutrauliche Mutterwölfin! Bei einem kurzen Seitenblick merkte sie, dass auch Big wie gebannt auf das Bild starrte.

Zu blöd, dass es ein gemeinsames Geschenk war! Laura begann, den Querweg langsam nach rechts bergauf zu stapfen. Bestimmt hat der Bruder es sich längst unter den Nagel gerissen und in seinem Bücherregal verstaut! Wahrscheinlich genau neben ihr zweites gemeinsames Lieblingsbuch, das einfach «Der Wolf» hieß. Das Tier mit dem grauweiß schimmernden Fell auf dem Titelbild hatten die Geschwister wegen seiner wunderschönen gelben Augen «Bernstein» getauft ...

Das gibt's doch nicht! Laura blieb mitten auf dem Weg stehen. Das Heulen war wieder zu hören. Sie riss sich erneut die Zipfelmütze vom Kopf. Es klang wirklich nach einem Wolf! Genauso wie im Film. Und wenn es wie im Film weiterginge, müsste jetzt das ganze Rudel, einschließlich der kleinsten Welpen, in diesen hoch ansetzenden, abschwellenden und wieder aufsteigenden Gesang einstimmen.

Beim dritten oder vierten Abspielen hatten Big und sie während dieser Szene vor dem Bildschirm gelegentlich auch den Kopf weit in den Nacken gelegt und mit vorgewölbten Lippen lauthals mitgeheult. Mutter fand das «schrecklich schaurig und schrecklich traurig zugleich». Als ihr die Kinder jedoch erklärten, dass das dem Zusammenhalt des Rudels dient, war sie einigermaßen beruhigt.

Aber jetzt saß Laura nicht im Wohnzimmer vor dem Fernseher. Während sie langsam weiterging, spürte sie ihr Herz klopfen. Wenn mir so ein Tier leibhaftig auf dem Weg entgegenkommen würde! Sie presste die Lippen aufeinander. Dann hätte ich ja doch verdammt Schiss. Wie oft hatte sie Bine, Nina und Nadine schon zu erklären versucht, dass die Geschichten vom «bösen Wolf» totaler Schwachsinn sind. Aber jetzt ...

Genauso ein totaler Schwachsinn ist es natürlich, dass es hier in unserer Gegend Wölfe geben soll, versuchte sie sich zu beruhigen.

Zwischen den Obstbaumwiesen gab es auch auf dieser Seite des Höllbuckels ein paar Schrebergärten. Aber seit Jahren schien sich niemand mehr um die Grundstücke zu kümmern. Entsprechend verwildert sahen sie aus.

Laura fand diese Gegend schon immer viel spannender als die Gärten auf der anderen Hangseite, zwischen denen sie vorhin ihren Schlitten bergauf gezogen hatte. Dort stand alles, egal, ob Kohlköpfe, Blumen oder Bäume, langweilig in Reih und Glied. Hier hingegen durften die Gewächse, die die Menschen früher einmal gepflanzt hatten, inzwischen so kreuz und quer wuchern, wie sie wollten.

An einem dieser verwilderten Grundstücke, das hinter einem windschiefen Jägerzaun lag, war Laura schon früher öfter stehen geblieben. Mit seiner efeubewachsenen Holzhütte, den mannshohen Brombeerhecken und den knorrigen Apfelbäumen sah dieser Garten richtig verwunschen aus.

Genau auf diesen Garten ging Laura nun mit immer noch heftig klopfendem Herzen zu. Und: Da war das Heulen wieder zu hören! Jetzt ganz nah. Laura blieb wie erstarrt stehen. Plötzlich ging das Heulen in ein freudiges Bellen über. Ist das also doch nur ein Hund? Sie atmete tief durch. Na klar. Was auch sonst?

Und dann sah sie ihn. Als Erstes tauchte ein grauweiß schimmernder Kopf über dem windschiefen Jägerzaun auf. Das Tier stand aufrecht auf den Hinterläufen und bellte sie an. Das klang wie eine Begrüßung. Eigentlich sah er wie ein Schäferhund aus. Offenbar fühlte er sich einsam und freute sich, dass jemand vorbeikam. Endlich bist du da!, bellte er sie an. Ich hab schon lange auf dich gewartet!

«Hallo!», sagte Laura halblaut. Da richtete der Hund die Ohren auf. Sie waren innen mit dichten, flaumig weißen Haaren bewachsen. Auf seiner niedrigen Stirn und über der spitzen Schnauze schimmerte das Fell wie heller Wüstensand. Und seine Augen – Laura hielt die Luft an. Solche gelben Augen hat doch kein Schäferhund! Eigentlich sah er Bernstein, dem Wolf auf dem Buchtitel, verdammt ähnlich ...

In dem Moment hob das Tier seine Schnauze in den blauen Winterhimmel. Laura schnappte nach Luft. Diesmal klang sein Heulen wie ein herzzerreißend sehnsüchtiges Lied. Das gibt's doch nicht! Laura merkte, wie ihr Tränen der Begeisterung in die Augen stiegen. Am liebsten hätte sie auch den Kopf in den Nacken gelegt und geantwortet.

«Was ist nur heute wieder mit dir los, Bimiak?», rief da plötzlich eine raue Männerstimme vom hinteren Ende des Gartens herüber. Unter den knorrigen Apfelbäumen tauchte ein alter Mann auf. Er trug eine abgewetzte grüne Jacke und einen breiten braunen Hut. Am auffälligsten war sein rostroter Rauschebart. «Nanu?», brummte er, als er Laura jenseits des Zauns entdeckt hatte. «Kennt ihr euch?» Er musterte sie mit gerunzelter Stirn.

Laura schüttelte den Kopf. Dann wanderte ihr Blick wieder zu dem Tier zurück. So, wie es jetzt schwanzwedelnd an dem Alten hochsprang, sah es eigentlich doch wie ein Schäferhund aus. «Ich bin nur zufällig vorbeigekommen», begann sie zu erklären, «weil – ich hab gehört –» Sie geriet ins Stottern. Die bernsteingelben Augen sahen sie jetzt nämlich wieder an. Ich muss dir unbedingt etwas erzählen!, sagten sie.

«Fremden gegenüber ist er normalerweise sehr misstrauisch», erklärte der Alte. «Genau wie ich übrigens auch. Aber bei ihm liegt das im Blut.»

«Ist das –», Lauras Blick huschte zwischen dem Mann und dem Tier hin und her, « – ist das ein Wolf?»

«Zumindest seine Großeltern waren garantiert welche.»

«Mach's gut, Bimiak! Auf Wiedersehen, Paul!» Nach einer halben Stunde verabschiedete Laura sich von den beiden wie von guten Freunden. «Und fröhliche Weihnachten!», fügte sie hinzu.

«Mach ich mir diesmal, Laura. Kannst dich drauf verlassen.» Der Alte, den sie einfach Paul nennen sollte, reichte ihr die Hand über den Zaun. Zu Beginn ihres Gesprächs war er noch ziemlich brummig gewesen, aber allmählich hatte er sich offenbar von der seltsamen Zuneigung seines Hundes zu diesem Mädchen anstecken lassen.

Ein echter Wolfshund! Laura hüpfte den Weg entlang. Und der Schlitten hinter ihr hüpfte mit. Sie war rundum glücklich. Auf ihre Frage, ob sie mal wieder vorbeikommen dürfte, hatte Paul zumindest nicht nein gesagt. Das war das wunderbarste Geburtstagsgeschenk, das sie je bekommen hatte. Da konnte der Heilige Abend zu Hause jetzt so mies werden, wie er wollte.

Gartenhütten-Weihnachtsnacht mit Geisterstimme

«So, Bimiak. Und jetzt machen wir uns den gemütlichsten Heiligen Abend, den wir seit Jahren hatten.» Als es draußen dämmerte und die Kirchenglocken in der Ferne zu läuten begannen, öffnete Paul eine Flasche Rotwein und ließ sich in dem knarrenden Korbsessel am Fenster nieder. Bimiak lag zu seinen Füßen und biss mit Hingabe an einem Knochen herum. Im Herd prasselte ein Feuer, und die Petroleumlampe tauchte den kleinen Raum in ein warmes Licht.

Paul streckte die Füße weit von sich und trank den ersten Schluck. Dann seufzte er befriedigt auf.

Draußen fing es wieder in dicken Flocken zu schneien an. Bimiak schnaufte leise, ließ von seinem Knochen ab, legte den Kopf zwischen die Vorderpfoten und schloss die Augen. «Heute geht's uns verdammt gut, stimmt's?», brummte Paul und kraulte den Hund im Nacken. Als er ihn vor einem Jahr im Zwinger eines Tierheims entdeckte, wusste er sofort: Der und kein anderer musste es sein. Dass das Tier, wie der Heimleiter warnend sagte, «ein halber Wolf» war, störte ihn nicht.

Er legte im Herd ein paar dicke Holzscheite nach. Diese Feuerstelle wieder funktionstüchtig zu machen hatte besonders viel Zeit und Mühe gekostet. Bis es so weit war, hatte er manche Nacht wie ein Penner am Nordbahnhof verbracht. Aber jetzt war es geschafft.

Paul goss sich das nächste Glas Rotwein ein und blickte

sich befriedigt um. Er hatte einen Herd, einen Tisch, zwei Stühle, einen Korbsessel und ein Bett – also fast so etwas wie ein kleines Paradies. Und am letzten Sonntagabend hatte er dann zu allem Überfluss noch einen ganz besonderen Fund gemacht! Das heißt, genauer gesagt war es Bimiak gewesen, der ihn in der U-Bahn-Station am Nordbahnhof buchstäblich mit der Schnauze darauf stieß! Pauls Blick wanderte zum Fensterbrett neben der Eingangstür hinüber.

Und wozu haben wir jetzt das Ding? Er erhob sich aus dem Sessel. Dann machen wir uns doch mal richtige Festtagsmusik! Im selben Moment öffnete Bimiak die Augen und begriff offenbar sofort, was sein Herr vorhatte. Mit einem großen Satz war er am Fenster und schaute aufgeregt schwanzwedelnd zu dem neuen Einrichtungsgegenstand hinauf.

Es war ein altes Kofferradio – so alt, dass es Paul von Anfang an sehr vertraut vorgekommen war. Schließlich stammte es aus einer Zeit, als er selbst noch ein Auto und einen ganz ähnlichen Apparat zum Ein- und Ausbauen besaß.

Kaum hatte er das Gerät eingeschaltet, da legte Bimiak wieder einmal den Kopf in den Nacken und heulte lauthals los. Früher hatte er diese wölfische Angewohnheit nur gelegentlich in hellen Vollmondnächten praktiziert. Aber seit Sonntagabend, seit er seinen Herrn mit Gewalt zu dieser grünen Einkaufstasche mit dem überraschenden Inhalt hinübergezerrt hatte, wollte er gar nicht mehr damit aufhören.

«Scht!», versuchte Paul ihn zu beruhigen. «Ich weiß, du hast das Radio entdeckt, und darum gehört es eigentlich dir. Ich verstehe nur nicht, was du damit anfangen willst.» Während er am Sendersuchknopf zu drehen begann, legte

Bimiak die Vorderpfoten auf das Fensterbrett und hielt die Schnauze so dicht an den Apparat, als würde er am liebsten in ihn hineinkriechen. «Und welchen Sender wünscht der Herr zu hören?», fragte ihn Paul lächelnd.

Auf UKW gab es um diese Zeit fast überall festliche Musik. Aber danach war Paul nicht zumute. Das erinnerte ihn zu sehr an frühere Zeiten. Paul trug das Gerät vorsichtig zu seinem Korbsessel hinüber. Er wusste bereits, dass man es von unten anfassen musste, damit die Batterien nicht herausfielen. Trotz des Einmachgummis, der das Ganze zusammenhielt, stand das Fach dort unten immer einen Spalt offen.

Bimiak folgte ihm schwanzwedelnd. Sobald sein Herr das Gerät auf seinem Schoß abgesetzt hatte, legte er ihm erwartungsvoll die Schnauze auf die Knie. Paul betrachtete ihn kopfschüttelnd. «Ich habe noch nie einen Hund erlebt, der sich für Radios interessiert», brummte er. «Und für Wölfe ist das, soviel ich weiß, auch nicht gerade typisch.»

Während er weiter am Sendersuchknopf drehte, erinnerte er sich an diese merkwürdige Szene am Sonntagabend. Er hatte wieder einmal ein paar Stunden am Nordbahnhof verbracht. In letzter Zeit fuhr er öfter dorthin. Er mochte die große Halle mit den vielen Menschen und unterhielt sich gerne mit den Obdachlosen, die vor den Schließfächern hockten. Als er sich dann später auf einer Bank der U-Bahn-Station niederließ, um auf den nächsten Zug heimwärts zu warten, riss Bimiak so heftig an der Leine, dass Paul fast vom Sitz gekippt wäre.

«Was ist denn?», brummte er müde. «Hast du Hunger oder was?» Der Hund heulte wie verrückt und zerrte weiter mit aller Kraft an der Leine. Gleichzeitig schaute er unverwandt nach links die menschenleere Bankreihe entlang.

Das Einzige, was Paul dort in etwa zwanzig Metern Entfernung erkennen konnte, war eine grüne Einkaufstasche. Sollte da etwa jemand den Festtagsbraten für Weihnachten stehen gelassen haben? Auch Pauls Neugier war geweckt. Mit dem Inhalt hatte er allerdings nicht gerechnet ...

«Was hältst du von lustiger Tanzmusik, Bimiak? Irgendwo muss es doch selbst heute Abend so was geben.» Der Alte schaltete von UKW auf Kurzwelle um. Schon gestern war ihm aufgefallen, dass auf der Skala mehrere rote Punkte klebten. Offenbar hatte der frühere Besitzer auch gerne Kurzwelle gehört.

Einen Moment lang plagte Paul, wie schon öfter in den letzten Tagen, das schlechte Gewissen. Aber immerhin hatte er sich am Sonntagabend bestimmt noch eine geschlagene halbe Stunde neben die grüne Einkaufstasche gesetzt und gewartet, ob sie jemand holen käme.

Als Paul am Suchknopf zu drehen begann, ertönte lautes Pfeifen. Es folgten die unterschiedlichsten Knackgeräusche, dann war nur noch ein leises Rauschen zu hören. Bimiak drückte seine Schnauze noch näher an den Apparat heran und spitzte die Ohren, als wäre das genau die Musik, die er hören wollte. Gleichzeitig tönten von der Stadt jetzt wieder Kirchenglocken herüber.

Einen Moment lang dachte Paul sehnsüchtig an die vielen festlichen Abendbrottische, die dort nun überall gedeckt wurden. «Aber wir haben auch noch was Leckeres im Kühlschrank», sagte er laut und schielte dabei zu dem Bretterverschlag hinter dem Bett hinüber. Dahinter hatte er heute Vormittag in einem mit Schnee gefüllten Blecheimer vier Bratwürste und eine große Schüssel Kartoffelsalat verstaut.

Merkwürdigerweise schien Bimiak diese Ankündigung überhaupt nicht zu interessieren. Stattdessen schnüffelte er aufgeregt in den Radioapparat hinein. So aufgeregt, als wären die Bratwürste mitten in diesem grässlichen Gemisch aus Pfeifen, Knacken und Rauschen versteckt.

Als Paul auf der Skala genau an dem roten Punkt angelangt war, den der vorige Besitzer mit einem dicken Ausrufezeichen versehen hatte, herrschte plötzlich völlige Stille. Paul war – das konnte er ohne Brille halbwegs entziffern – bei Radio Sofia gelandet.

Und dann begann eine helle Mädchenstimme zu sprechen. «Hier ist Fia», sagte sie klar und deutlich, «So, bitte melde dich, wenn du mich hören kannst!» Ein Zittern lief über Bimiaks Körper. Er warf den Kopf weit in den Nacken – aber er gab keinen Laut von sich.

Paul starrte das Radio wie eine Geistererscheinung an. «Hier ist Fia!», wiederholte die Stimme, und zwar so greifbar nah, als säße das Mädchen leibhaftig im Apparat! «So, bitte melde dich ...»

Big und Laura hatten den ganzen Heiligen Abend über kein Wort miteinander geredet. Um zehn Uhr schnappte der Bruder sich das Buch über den Weißen Wolf vom Geburtstagstisch und verschwand damit in seinem Zimmer.

Ich hab's ja gewusst! So ein Super-Mega-Blödmann! Beim Zähneputzen beschloss Laura, ihm nachher einen Zettel unter der Tür durchzuschieben. Und da würde bestimmt kein liebevoller Gutenachtgruß draufstehen!

Big war ihr jedoch zuvorgekommen. Aber anders als erwartet. Als sie aus dem Badezimmer kam, lag das Wolf-Buch auf ihrem Bett. Und zwischen den ersten Seiten lugte ein Papierschnipsel heraus – mit Bigs winziger Handschrift: «Ich glaube, ich hab heute Vormittag in den Schrebergärten einen Wolf heulen hören. Oder warst du das?»

Laura ließ sich in die Kissen fallen. Wenn du wüsstest, Bruderherz! Sie war nahe daran, dem Papierschnipsel einen

Kuss zu verpassen. Vielleicht lässt sich das zerrissene Band zwischen uns ja doch noch einmal flicken. Sie konnte lange nicht einschlafen vor Glück.

Auch Jan war in dieser Nacht noch lange wach. Aber das hatte einen anderen Grund. Verdammter Kackmist! Er lag auf dem Bauch und haute mit den Fäusten auf sein Kopfkissen ein, als sei das an allem schuld. Wenn es doch ein Radio-Suchgerät gäbe! Einen Apparat, mit dem man auch über größere Entfernungen so ein Ding anpeilen kann! Warum hat das noch keiner erfunden?!

Oliver hatte ihm zwar heute Nachmittag noch geholfen, an die Laternenpfähle und Ampelmasten der Umgebung Zettel mit seiner Telefonnummer und der Beschreibung des Radios zu kleben, aber danach hatte er sich mit einem «Na, dann erst mal schöne Weihnachten» verabschiedet.

Von wegen schöne Weihnachten! Jan hatte zwar unter anderem neue Schlittschuhe und drei neue Detektivromane geschenkt bekommen, aber im Übrigen war die Stimmung mies. Mutter klagte schon am Nachmittag über rasende Kopfschmerzen. Darum reagierte sie auch ziemlich abweisend, als Jan sie unter dem Weihnachtsbaum fragte, wo denn Oma Jettes Fingerring nach ihrem Tod abgeblieben sein könnte. «Keine Ahnung!», brummte sie. «Seit wann interessierst du dich denn für so was?»

Sie gingen beide früh ins Bett. Mutter meinte, dass sie die Grippe kriegte. «Da werden wir morgen den Opa gar nicht im Krankenhaus besuchen können.»

Darüber war Jan allerdings keineswegs unglücklich. Bevor er das Radio nicht wieder gefunden hatte, würde er seinem Großvater sowieso nicht in die Augen schauen können ...

Er lag immer noch auf dem Bauch. Plötzlich sah er ganz

deutlich diesen Hund vor sich, der am Sonntagabend mit dem Penner in die S-Bahn eingestiegen war. Sein grauweißes Fell schimmerte geheimnisvoll. Und seine gelben Augen schauten ihn so an, als müssten sie ihm unbedingt etwas erzählen.

Merkwürdigerweise erinnerte er sich gleichzeitig wieder an Großvaters Geistergeschichten. Vor allem an diese schreckliche Geschichte, als So vor dreizehn und zwei Jahren beim Versteckspielen verloren ging ...

Ein Wolfshund hört Radio Sofia

«Vertraust du mir jetzt, Fia?»

«Ja, Bimiak.»

«Dann musst du mir als Erstes erzählen, wie So verloren ging. Und zwar haargenau.»

«Muss das sein?»

«Wie sollen wir ihn sonst wieder finden?»

«Du willst mir helfen?»

«Sicher.»

Während Paul in dieser Heiligen Nacht friedlich vor sich hin schnarchte, saß Bimiak mit gespitzten Ohren vor dem Radioapparat. Das Fensterbrett war so niedrig, dass er seine Schnauze direkt vor dem Lautsprecher auflegen konnte. Bereits während der beiden letzten Nächte hatte er versucht, mit diesem Geisterwesen Kontakt aufzunehmen, dessen aufregende Gegenwart er von Anfang an in dem kalten Menschentongerät überdeutlich gerochen hatte. Aber erst in dieser Nacht fing Fia, zunächst noch sehr leise und ängstlich, mit dem Wolfshund zu reden an.

Ohne ihren Zwillingsbruder hatte das Geistermädchen nämlich nicht nur das Fliegen verlernt. Sie war es auch nicht mehr gewohnt, mit Tieren zu sprechen. In den letzten fünfzehn Jahren hatte sie sich fast nur noch mit Großmutter Jette und seit deren Tod dann mit Großvater Theo unterhalten.

Aber nachdem Bimiak sie an das Land Lupuslazuli erinnert hatte, wo vor zweimal dreizehntausend Jahren Geister und Wölfe einträchtig miteinander lebten, kam ein großer, erleichterter Seufzer aus dem Radiogerät. «Wie gut, dass du mich daran erinnerst! Manchmal glaube ich, dass ich nicht nur So verloren habe, sondern mit ihm zusammen auch allmählich mein Gedächtnis.»

Kurz darauf begann Fia mit heller, klarer Stimme die Geschichte zu erzählen, die Bimiak als Erstes hören wollte. Ab und zu unterbrach der Wolfshund sie mit einem Kommentar oder mit einer neugierigen Frage.

«Es passierte an einem Sonntagnachmittag vor dreizehn und zwei Jahren. Jettes Schwester Kitty war auf Besuch. Sie kam aus New York – aber das hat mich damals noch nicht sonderlich interessiert. So und ich konnten Kitty nämlich nicht leiden. Erstens hatte sie eine schrecklich kreischende Stimme –»

«Mag ich auch nicht. Tut in den Ohren weh, genauso wie diese Hundepfeifen.»

«... und zweitens kreischte sie mit dieser Stimme dauernd ‹So›. ‹So, jetzt hab ich aber Hunger.› Oder: ‹So, heute gehe ich mal als Erste ins Bett.› – Nicht auszuhalten. Ständig fühlte So sich angesprochen und war doch gar nicht gemeint.»

«Wusste sie überhaupt, dass es euch gibt?»

«Natürlich nicht. Jette hatte das bis kurz vor ihrem Tod ja nicht einmal Theo erzählt. Erstaunlicherweise auch Lia, ihrer Tochter, nicht. – Also, an diesem Sonntagnachmittag vor dreizehn und zwei Jahren spielten wir wieder einmal Verstecken. Es war Sos Lieblingsspiel, weißt du.»

«Habt ihr das nicht schon in Lupuslazuli gespielt?», fragte Bimiak dazwischen. «Mir ist so, als hätte meine Großmutter mir mal was von Geisterzwillingen erzählt, die sich dort ständig in Mauselöchern oder Fuchsbauten herumgetrieben haben.»

«Ach ja. Siehst du, das hatte ich auch schon fast vergessen. Als wir dann im Haus von Jette und Theo lebten, schlüpfte So mit Vorliebe in Jettes Handtaschen, in den Wäschepuff oder in Theos Schreibtischschublade. Es musste jedenfalls ein Versteck sein, das er hinter sich oder über sich zumachen konnte.»

«Nicht ganz ungefährlich.»

«Stimmt. Was glaubst du, wie oft ich ihn aus dem Kühlschrank befreien musste! Aber dieses Mal kam es viel, viel schlimmer. Ich war gerade mit dem Suchen dran, hielt mir also die Augen zu und war mit dem Zählen bei hundert angekommen, als ich im Flur Kittys kreischende Stimme hörte: ‹So, das Taxi ist da. Leb wohl, Jette, auf Wiedersehen, Theo, es war eine wunderschöne Zeit bei euch.› Dann fiel auch schon die Haustür zu, und das Auto fuhr los.

Ich war zwar froh, dass diese Kreischerei und diese ständigen So-Sätze ein Ende hatten, aber gleichzeitig fing ich fieberhaft an, nach meinem Bruderherz zu suchen. Ich fürchtete nämlich, er könnte sich ausgerechnet dieses Mal Kittys wunderschönen roten Lederkoffer als Versteck ausgesucht haben. – Leider hatte ich Recht. Und seitdem suche ich verzweifelt nach ihm.»

Fia seufzte laut und lange. Zu lange, wie Bimiak fand. Er begann empört zu schnaufen. Er wollte es einfach nicht glauben, dass es für Angehörige aus dem Stamm der alten, mächtigen Lupuslazuli-Geister kein Mittel geben sollte, um wieder zueinander zu finden.

Daraufhin erinnerte ihn Fia an etwas, was nun er offenbar vergessen hatte: Gemeinsam sind Zwillingsgeister zwar stärker und mächtiger als jeder Einzelne ihres Stammes, gemeinsam können sie zum Beispiel in Sekundenschnelle überallhin fliegen, durch jede noch so luftdicht verschlossene Tür schlüpfen und die geheimsten Gedanken jedes Lebewesens lesen. Getrennt sind sie jedoch fast noch hilfloser als Menschen. Die können ja wenigstens über Tausende von Kilometern hinweg durch die Luft miteinander telefonieren.

Als Fia mit ihrer Erklärung an diesem Punkt angelangt war, schnaufte Bimiak erneut empört los. «Hast du Jette denn etwa nicht gesagt, dass sie diese Kitty anrufen soll?»

«Doch, natürlich. Aber die kreischende Reaktion hättest du hören sollen. ‹So, ein Geist soll in meinem Koffer sein? Ich werd verrückt!›» Fia kicherte leise in sich hinein. Dann wurde sie jedoch schnell wieder ernst. «Ich glaube übrigens nicht, dass So in New York ist.»

«Wo dann?»

«Wenn ich das genauer wüsste, würde ich dich auf der Stelle bitten, mich dahin zu bringen. – Das Einzige, was er mir an Silvester vor zwei Jahren sagen konnte –»

«Du hast also doch inzwischen mit ihm gesprochen?», platzte Bimiak dazwischen.

Da musste Fia den Wolfshund erneut an etwas Vergessenes erinnern. Für getrennte Zwillingsgeister gibt es nämlich immerhin eine kleine, wenngleich kurze und sehr seltene Gelegenheit, miteinander auch über die größten Entfernungen hinweg in Kontakt zu treten. Und zwar alle dreizehn Jahre einmal, an Silvester, in der letzten Minute vor Mitternacht ...

Zu Lupuslazuli-Zeiten, als die Menschen den Übergang in ein neues Jahr noch nicht mit ohrenbetäubendem Knallen von Feuerwerkskörpern feierten, war das sicher eine gute Gelegenheit, wieder zueinander zu finden. Als Fia vor zwei Jahren zum ersten und bislang auch letzten Mal Sos

Stimme hören konnte, war hingegen kaum etwas zu verstehen. Und was sie verstand, klang sehr merkwürdig.

«Gibt es eine Kirche, in der die Menschen eine Kleine Heilige Bärin verehren?», fragte Fia schließlich.

Bimiak schnaufte verächtlich. «Erstens mag ich sowieso keine Kirchen, weil's da überhaupt nicht gut riecht. Und zweitens glaube ich nicht, dass die Menschen Bären für was Heiliges halten. Jedenfalls heutzutage nicht mehr. – Hat So davon etwas gesagt?»

«Ja. ‹Ich bin in der Kirche zur Kleinen Heiligen Bärin.› Das war das Einzige, was ich deutlich verstehen konnte. Der Ortsname ging dann schon fast wieder im nächsten Knaller unter. Aber wie New York klang er nicht.»

«Nach so einer Kirche solltest du morgen Paul fragen», schlug Bimiak vor. «Im Gegensatz zu mir kannst du ja mit ihm reden.» Und weil keine Antwort kam, fügte er hinzu: «Dem kannst du genauso vertrauen wie mir.»

«Da brauche ich noch ein bisschen Zeit. Er ist mir noch sehr fremd, weißt du. Und dass er das Radio gestohlen hat – na ja, vielleicht war's gut.» Fia gähnte laut. «Jetzt bin ich todmüde. Diesen Zustand kenne ich übrigens auch erst, seit So nicht mehr bei mir ist.»

«Sag mir noch eins», Bimiak rutschte mit der Schnauze noch dichter an den Radioapparat, «können die Menschen dich eigentlich sehen oder riechen?»

«Nein.» Fia lachte hell auf. «Das kann niemand.»

«Seit wann heiße ich denn Niemand?», knurrte der Wolfshund. «Ich hab jedenfalls ein haargenaues Bild vor meiner Schnauze.»

«Was?» Fias Stimme überschlug sich vor Staunen. «Und wie sehe ich aus?»

«Weißt du das denn nicht? Kannst du dich oder andere Geister auch nicht sehen oder riechen?»

«Nein. Jedenfalls nicht nach Art der Menschen oder Tiere.»

«Und wie spielst du dann mit So Verstecken?»

«Das ist unser Geheimnis. – Jetzt sag bitte, wie ich ausschaue!»

Bimiak kroch mit der Schnauze noch ein paar Millimeter dichter an das Radio heran und schnüffelte. «Wunderschön», raunte er. «Ein wunderschönes Gemisch aus Zimt und Nelken», fuhr er leise wie im Traum fort. «Außerdem zwei Prisen Liebstöckel, ein Hauch Mädesüß und zwischen allem fein verteilt ein wenig wilde Pfefferminze.»

«Das erinnert mich an Sos verrückte Kochrezepte», raunte Fia ebenso verträumt. «Oder vielleicht auch an etwas anderes – Vergessenes –»

«Kann So denn kochen?» Bimiak fuhr sich mit der Zunge über die Schnauze.

«Nein, aber erfinden kann er. Er ist der begabteste Kochrezepteerfinder, den ich kenne.» Dann wurde Fia energisch: «Aber wie ich aussehe, weiß ich jetzt immer noch nicht.»

«Genauso, wie ich's gesagt habe. Wir Wölfe können nun mal am besten mit der Schnauze sehen.»

Einen Augenblick lang war nur noch Pauls friedliches Schnarchen in der Gartenhütte zu hören.

Dann schnüffelte Bimiak noch einmal aufgeregt in den Radioapparat hinein. «Glaubst du eigentlich, dass So genauso riecht wie du?», fragte er plötzlich mit atemloser Stimme.

«Also, wenn wir überhaupt irgendwie riechen, dann bestimmt gleich.»

Da jaulte der Wolfshund begeistert auf. «Die ganze Zeit habe ich mir überlegt, woher ich diese wunderbare Mischung kenne!»

«Sag bloß –» Fias Stimme überschlug sich.

«Wenn So genauso riecht wie du, dann ist er irgendwo in dieser Stadt.»

«Bist du sicher?»

«Mein Wolfsehrenwort!»

«Bimiak! Können wir auf der Stelle losziehen? Bitte?!»

«Morgen früh ist es einfacher, Fia. Aber wie machen wir das?» Der Wolfshund kratzte sich mit der Vorderpfote hinter dem Ohr. «Das Radio kann ich schlecht mitnehmen. Nur dich. Hast du eine Idee?»

Eine Sekunde später spürte Bimiak ein leises Kitzeln im linken Ohr. Und dann hörte er ein ganz nahes Kichern dort drin. «Schön kuschelig warm hier», flüsterte Fia. «Ach, Bimiak», fuhr sie selig fort, «jetzt würde ich dich am liebsten umarmen, wenn ich könnte!»

«Versuch's doch!»

Ersatzkrieg am Waldweiher

Der erste Weihnachtsfeiertag begann mit knackiger Kälte und strahlendem Sonnenschein. Ideales Wetter zum Eishockeyspielen oder Schlittenfahren. Nur: Wer macht was mit wem oder gegen wen?

Beim Frühstück kam Laura eine superschlaue Idee. Sie hatte das Wolfs-Buch demonstrativ auf den Tisch gelegt und darauf geachtet, dass Bigs Papierschnipsel ein Stückchen zwischen den Seiten herausschaute. «Du hast nach dem Wolfsheulen gefragt», fing sie steif und förmlich an, nachdem die Eltern sich verzogen hatten. «Da könnte ich dir eine wahnsinnig aufregende Geschichte erzählen.»

Big sagte nichts, aber seine grünen Augen wurden riesengroß vor Neugier. Laura genoss die Situation. Obwohl sie pappsatt war, angelte sie sich ein weiteres Brot und beschmierte es in aller Seelenruhe erst einmal ausführlich mit Margarine und dann ebenso ausführlich mit Honig.

«Jetzt erzähl doch endlich!» Bigs Stimme war ganz rau vor Aufregung.

«Ich habe gesagt, ich *könnte* dir eine wahnsinnig aufregende Geschichte erzählen.» Laura biss langsam in ihr Honigbrot. «Aber vorher hätte ich gerne eine Entschuldigung für diese hirnrissige Aktion vom Sonntag.»

Bigs Miene verfinsterte sich. «Ich habe den Alex nicht auf dich losgehetzt, wenn du das meinst. Das war –»

«Aber du hast ihn auch nicht daran gehindert.»

Das saß. Big kaute wütend auf seinen Fingernägeln

herum. Weiber! Mit Worten sind sie manchmal verdammt überlegen und spitzfindig.

«Außerdem habt ihr euch alle miteinander hirnrissig benommen», lautete die nächste Spitzfindigkeit.

Big kaute weiter auf seinen Fingernägeln herum. Sonst passierte nichts. Aber damit hatte Laura gerechnet. Mit Worten mochte der Bruder sich nun mal nicht gerne entschuldigen. Er tat dann lieber etwas, was man, mit ein wenig gutem Willen, als wortlose Entschuldigung verstehen konnte. Und genau darauf wollte sie hinaus.

«Es wäre aber auch in Ordnung, wenn ihr klarmachen würdet, dass so was nicht mehr vorkommt», fuhr sie seelenruhig fort. «Wir bräuchten nur einen kleinen Vertrag abzuschließen.» Big blickte immer noch finster. Laura kaute genüsslich am nächsten großen Bissen Honigbrot. «Zum Beispiel könntet ihr heute Nachmittag in aller Seelenruhe Eishockey spielen.» Der Bruder sah sie erstaunt an.

Laura schluckte den süßen Bissen hinunter. «Morgen Vormittag wären wir dann dran. Danach könnte das abwechselnd so weitergehen. Das wäre der ganze Vertrag.»

«Kann ich doch nicht alleine entscheiden.» Big kramte einen Kaugummi aus seiner Hosentasche, wickelte ihn umständlich aus und steckte ihn sich schließlich in den Mund. «Aber ich kann's ja mal versuchen.» Schließlich war er der unumstrittene Anführer.

«Versprochen?»

«Mm.»

Laura sprang erleichtert vom Tisch auf. «Dann rufe ich jetzt die HUSKYS an.»

«Und was ist mit der Geschichte?», rief Big ihr hinterher. «Hast du wirklich einen echten Wolf gehört?»

Laura biss sich auf die Lippen. «Das erzähle ich dir morgen Mittag – wenn alles geklappt hat, wie versprochen.»

Das war nun wirklich zu viel an weiblicher Spitzfindigkeit! Um Bigs Mundwinkel zuckte es, wie kurz vor dem Heulen. Gleichzeitig ballte er die Fäuste.

Um drei Uhr nachmittags waren zehn Jungen am Waldweiher versammelt. Vor Spielbeginn gab es jedoch zunächst einmal längere Diskussionen. Erstens brauchte ihre Gruppe endlich einen Namen. Wenn selbst diese Kichererbsen, die sich einbildeten, Eishockey spielen zu können, so etwas hatten! Sie einigten sich schließlich auf DIE EISLÖWEN. Natürlich war das Bigs Vorschlag gewesen. – Zweitens brauchte so eine Mannschaft dann natürlich einen offiziellen Mannschaftskapitän. Auch das war Bigs Idee. Zum Spielen würde man sich zwar in zwei Gruppen teilen, aber die sollten einen gemeinsamen Anführer haben. Selbstverständlich wurde Big gewählt. Die einzige Gegenstimme kam von Oliver.

Anschließend meinte Alex, dass man zur Sicherheit auch noch einen Stellvertreter bestimmen sollte. Big schlug sofort Jan vor. Der bekam rote Ohren und schielte zu Oliver hinüber. Aber der Freund nickte ihm aufmunternd zu. Mach nur, sagte sein Blick, bist ein guter Ausgleich zu diesem blöden Big. Muss ja nicht gleich eine dicke Freundschaft draus werden. Auch Jan wurde mit einer Gegenstimme gewählt. Die kam diesmal von Alex. Schließlich hatte er den Vorschlag nur gemacht, um selber Stellvertreter zu werden.

Von Lauras «Vertrag», also dass sie morgen Vormittag das Eisfeld den Mädchen überlassen sollten, sagte Big keinen Ton. Dafür ist nach dem Spiel noch Zeit, dachte er. Vielleicht verabreden wir uns einfach für nachmittags. Dann brauchte er das leidige Thema gar nicht zur Sprache zu bringen.

Die HUSKYS trafen sich zur selben Zeit im Hohlweg, keine fünfzig Meter entfernt, zum Schlittenfahren. Und auch bei ihnen gab es zunächst Diskussionen. Eine Anführerin brauchten die elf Mädchen nicht. Ganz im Gegenteil: Vor allem Bine war sauer, dass Laura am Vormittag über ihre Köpfe hinweg mit Big so selbstherrlich verhandelt hatte, als sei sie genau das. Dabei hatte die Gruppe bisher eigentlich immer alles gemeinsam entschieden.

Sie hockten oben am Startpunkt ihrer Rodelbahn auf den Schlitten. «Wir hätten uns doch erst mal hier treffen können», brummte Bine, «und dann hätten wir zusammen überlegt, wie wir die Typen am besten in die Mangel nehmen.»

Laura schüttelte den Kopf. «Das hätte nur wieder Zoff gegeben, das garantiere ich dir. Weißt doch, wie die Jungs sind.» Sie nahm eine Handvoll Schnee und begann, einen Ball daraus zu kneten. «Wenn man sie alleine erwischt, kann man manchmal ganz vernünftig mit ihnen reden. Aber –»

«– wenn sie zu mehreren sind, benehmen sie sich wie eine Horde Oberaffen», ergänzte Nina.

Die ganze Runde stimmte laut lachend zu.

«Außerdem wisst ihr nicht», Laura schleuderte ihren Schneeball in hohem Bogen in den Wald, «dass ich heute beim Frühstück eine einmalige Gelegenheit hatte, Big unter Druck zu setzen.» Bevor die Mädchen nachfragen konnten, stieß sie ihren Schlitten ab und sauste den Hohlweg hinunter. Die anderen machten es ihr nach.

Nachdem sie erst mit zwei, dann mit drei und schließlich mit vier aneinandergebundenen Schlitten immer wieder laut johlend die Bahn hinuntergerodelt und mehr als einmal kreischend im Schnee gelandet waren, versammelten sich die HUSKYS zu einer Verschnaufpause oben auf dem Rand des Hohlwegs. Fünfzig Meter weiter unten war ein hitziges Eishockeyspiel im Gange. Big schien Mannschaftskapitän und Schiedsrichter zugleich zu sein. Kurz nachdem die Mädchen ihren Beobachtungsposten eingenommen hatten, fuhr Alex dem Jan so mit seinem Stock zwischen die Füße, dass der das Gleichgewicht verlor und der Länge nach aufs Eis krachte.

«Foul!!», brüllte Bine.

Laura hatte nur Augen für Jan. Hoffentlich hat er sich nichts gebrochen!, dachte sie. Dann ertappte sie sich bei dem Gedanken, dass Bines Idee auch etwas für sich gehabt hätte: Wenn alle Mädchen mit allen Jungen verhandelt hätten, hätte sie Jan auf die Probe stellen können. Dann hätte sich gezeigt, ob er wirklich so vernünftig war, wie sie glaubte. Sie musste lächeln, weil sie sich an Ninas Satz mit den «Oberaffen» erinnerte. Und dann wusste sie plötzlich, was ihr an Jan so besonders gut gefiel: Die hellblauen Augen und die blonde Lockensträhne, die ihm meistens wirr in die Stirn hing, gut und schön. Aber vor allem war er kein Oberaffe, der jeden Schwachsinn mitmachte. Eigentlich war er immer er selber, egal, ob man ihn allein oder in der Gruppe traf. Obwohl – gestern auf dem Schlittengespann, da hatten Oliver und er ja dann doch vor Big gekuscht …

«Zeitstrafe für Alex!» Bines erneutes Brüllen riss Laura aus ihren Gedanken heraus. Unten auf dem Weiher war Jan längst wieder auf den Beinen. Aber das Spiel stockte noch. Big hatte sich vor Alex aufgebaut. Und er schickte ihn tatsächlich mit einer eindeutigen Armbewegung vom Eis. – Alex hockte sich jedoch nicht an den Weiherrand, um seine Zeitstrafe abzusitzen. Er schulterte sofort seinen Stock und marschierte davon. Wie's aussah, kochend vor Wut.

Das Spiel lief weiter.

Und die Mädchen schauten weiter zu. Mehr oder weniger neidisch. «Eigentlich finde ich's verdammt unfair, dass wir erst morgen dran sind», meinte Bine irgendwann.

«Stimmt», brummte Nadine. «Ich hätte jetzt auch Lust.»

«Fangt doch nicht schon wieder damit an!», fauchte Laura.

Aber Bine ließ sich nicht beeindrucken. «Die müssen sich doch wie die absoluten Kings vorkommen.» Sie begann, einen Schneeball zu kneten. «Sieg auf der ganzen Linie. Wer weiß, ob Big ihnen überhaupt was von morgen Vormittag gesagt hat.» Sie griff erneut in den Schnee und formte das nächste Wurfgeschoss.

Laura starrte wütend auf Bines Hände. Warum kann die nicht endlich Ruhe geben? Ist sie vielleicht doch eifersüchtig, weil ich ein bisschen wie eine Anführerin gehandelt habe? Will sie selber eine sein? Ich dachte immer, unter Mädchen gäb's so idiotische Anwandlungen nicht!

Bine hatte inzwischen einen ganzen Berg Schneebälle neben sich angehäuft. «Ich finde, die haben wenigstens eine kleine Abreibung verdient», knurrte sie. Und dann flog das erste Wurfgeschoss in Richtung Weiher.

«Au ja.» Auch Nina und Nadine begannen Bälle zu kneten.

«Auf in die Schneeballschlacht!» Alle Mädchen griffen juchzend zu. Nur Laura saß wie erstarrt auf ihrem Schlitten. «Nicht so laut!», raunte Bine. «Wir sollten uns erst mal einen Munitionsvorrat zulegen.»

Aber da kam schon der erste Ball von unten heraufgeflogen. Auch wenn er nur einen Baumstamm streifte, war von dem Moment an kein Halten mehr. Die Mädchen preschten den Abhang hinunter. Weil die Jungen mit ihren Schlittschuhen an den Füßen im Nachteil waren, kamen die HUSKYS zunächst gut voran.

Laura hockte als Einzige immer noch oben auf ihrem Schlitten. Zunächst hatte sie den hin- und herwogenden Kampf noch mit weit aufgerissenen Augen verfolgt, aber dann legte sie den Kopf auf die Knie und kam sich wie ein Feldherr vor, der Friedensverhandlungen geführt hat und nun miterleben muss, dass alles für die Katz war.

«Keine Raufereien!», hörte sie irgendwann Bigs gebieterische Stimme. «Das ist eine faire Schlacht – Mann gegen Mann.»

«Frau gegen Mann!», brüllte eins der Mädchen. Dann war eigentlich nur noch Schreien zu hören. Oder war es Lachen? Sollte das tatsächlich einfach nur ein Riesenspaß sein?

Kurz darauf hörte Laura Schritte und heftiges Atmen in ihrer Nähe. «Hallo, Laura!»

Es war Jan. «Hei!» Laura merkte, dass ihre Stimme ein bisschen zitterte. «Macht's dir keinen Spaß mehr da unten?»

«Ich hab Schneeballschlachten noch nie gemocht.» Jans Stimme klang auch nicht sonderlich ruhig. «Und außerdem hab ich Wichtigeres im Kopf.» Er nahm sein lila Stirnband ab und fuhr sich mit den Fingern durch die klatschnassen Lockensträhnen.

Laura nickte lächelnd. Genau so mochte sie ihn. Vernünftig und überlegen.

Jan betrachtete nachdenklich einen Tannenzapfen zu seinen Füßen. Während des gesamten Eishockeyspiels hatte ihn das schlechte Gewissen geplagt. Denn eigentlich dürfte er jetzt überhaupt nichts anderes mehr tun, als nach diesem Radio zu suchen! Die paar Zettel an den Laternenpfählen waren doch nur ein Tropfen auf den heißen Stein. Und die Anzeigen auf der Polizeistation und im Fundbüro reichten auch nicht aus. Man müsste es aller Welt sagen! Diese Idee war ihm während des Spiels gekommen. Dann hatte er Laura hier oben sitzen sehen. Nun war sie also der Anfang von aller Welt . . .

Sie lächelte ihn immer noch an. Er holte tief Luft. Gleichzeitig schielte er zum Schlachtfeld hinunter. Von dort tönte immer noch lautes Schreien herauf.

«Ist das eigentlich Ernst oder Spaß?», fragte Laura.

«Eher Spaß, glaube ich. So ähnlich wie bei einem Fußballländerspiel.» Gedankenverloren kickte Jan den Tannenzapfen in hohem Bogen zwischen den Bäumen hindurch.

«Mein Großvater –», bei dem Wort stockte er einen Moment, «mein Großvater sagt immer, Fußball ist so was wie Ersatzkrieg.»

Er warf einen prüfenden Blick auf das Schlachtfeld hinunter. «Ich glaub, Big hat die Sache ziemlich gut im Griff.»

«Dann meinst du, dass das trotzdem klar ist mit dem Vertrag für morgen?»

«Mit welchem Vertrag?»

«Hat Big euch das etwa nicht gesagt? Dass ich – dass wir ausgemacht haben, dass ihr heute und die Mädchen morgen Eishockey spielen dürfen? Und dass das dann abwechselnd so weitergeht?»

«Keinen Ton hat er gesagt. Das höre ich zum ersten Mal.»

«So ein Mega-Super-Blödmann!» Laura sprang wütend vom Schlitten. Aus der Traum, der seit gestern Abend noch einmal kurz aufgeblüht war. Jetzt war das unsichtbare Band endgültig und für alle Zeiten zerrissen.

«Jan!!», tönte im selben Moment Bigs gebieterische Stimme zu ihnen herauf. «Komm sofort runter. Verhandlungen mit dem Feind sind streng verboten!»

«Da hast du's!» Laura war außer sich. «Von wegen Ersatzkrieg.»

Aber Jan lief schon, ohne sich noch einmal umzusehen, gehorsam zum Weiher zurück.

Zähneknirschend packte Laura ihren Schlitten an der Schnur. «Ich geb's endgültig auf», fauchte sie, während sie allein heimwärts stapfte. «Alle Jungs sind und bleiben Super-Mega-Blödmänner. Und zwar ohne Ausnahme.» Trotzdem oder gerade deswegen war sie wild entschlossen, es morgen früh drauf ankommen zu lassen.

Wie schon vor der Schneeballschlacht verabredet, trafen sich die HUSKYS um neun Uhr am Weiherrand. Da standen sie nun in voller Eishockeyausrüstung und starrten alle in dieselbe Richtung. Erst fassungslos. Dann entsetzt. Dann wutschnaubend.

Die gesamte Eisfläche war mit einer dicken Schicht Sand bedeckt.

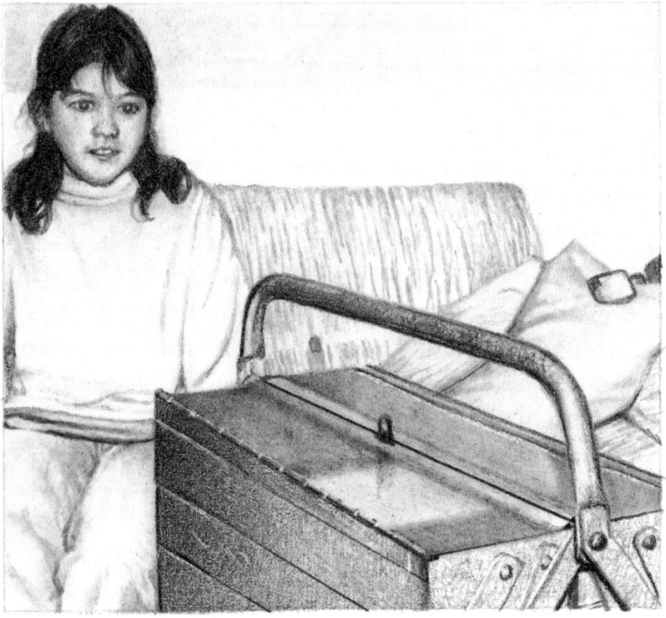

Zweifaches Wolfsheulen und das Kichern in der Kirche

«Das ist ja wohl das Allerletzte!» Weil Big den Vormittag über verschwunden war, konnte Laura ihre Wut erst beim Mittagessen loswerden. Und es war ihr dieses Mal egal, dass die Eltern dabeisaßen.

«Damit habe ich nicht das Geringste zu tun», brummte der Bruder, nachdem Laura den Zustand des Waldweihers in den schaurigsten Tönen geschildert hatte. «Und wenn ich den erwische, der so einen Schwachsinn verzapft hat – also der kann was erleben!»

Er hatte die Geschichte längst erfahren und beschlossen, jeden EISLÖWEN einzeln in die Mangel zu nehmen. Trotzdem rutschte er nach einem kurzen Blick in Lauras verbissenes Gesicht unruhig auf seinem Stuhl hin und her. Total verfahren diese ganze Kiste. Wahrscheinlich glaubt sie mir jetzt gar nichts mehr. Er schaufelte in Windeseile den Rest der Festtagsgans vom Vortag in sich hinein und stürmte fünf Minuten später wortlos aus dem Haus.

Auch Laura zog bald darauf los. Mit dem Schlitten und mit zwei Büchern im Rucksack. Das eine war «Der weiße Wolf», also das gemeinsame Geburtstagsgeschenk. Das wollte sie Paul zeigen. Auf dem Umschlag des zweiten Buchs war «Bernstein», der Wolf mit den wunderbar gelben Augen, abgebildet. Den wollte sie mit Bimiak vergleichen und feststellen, ob die beiden sich wirklich so ähnlich sahen, wie es ihr vorkam. Außerdem hatte sie noch zwei

Tüten eingepackt. Eine mit Weihnachtsplätzchen und eine mit Fleischwurst.

Nichts rührte sich, als sie an dem Grundstück mit dem windschiefen Jägerzaun angelangt war. Kein Wolfsheulen, keine Spur von Bimiak. Auch Paul ließ sich nicht blicken, obwohl Laura mehrmals laut «Hallo!» rief.

Zögernd öffnete sie schließlich die knarrende Holzpforte und ging langsam auf das efeubewachsene Gartenhaus zu. Sie spürte ihr Herz klopfen. Beim letzten Mal hatte sie sich nur über den Zaun hinweg mit Paul unterhalten. Am Schluss war er ja ziemlich freundlich gewesen ...

Als sich auf ihr Klopfen hin in der Hütte nichts rührte, schlich sie zum Fenster und spähte ins Innere. Es war ziemlich finster dort drinnen. Im flackernden Schein eines Herdfeuers konnte Laura nur schemenhaft ein paar Möbelstücke erkennen, einen Korbsessel, einen Tisch, ein Bett. Deutlich zu sehen war nur das Kofferradio, das direkt vor ihrer Nase auf dem Fensterbrett stand. Offenbar ein ziemlich altes Gerät mit einem blauen Einmachgummi drum herum. Von Paul keine Spur.

Laura packte gerade die beiden Tüten aus ihrem Rucksack, um sie vor die Haustür zu legen, als es hinter ihr laut knarrte. Paul kam durch die Gartenpforte hereingeschlurft. Er sah ziemlich bedrückt aus.

«Hallo, Paul! Ich wollte dich gerade besuchen.» Laura ging ihm entgegen.

«Ach, du bist's.» Seine Begrüßung klang nicht sonderlich begeistert. «Hast du Bimiak irgendwo gesehen?»

«Nein.» Laura stand Paul gegenüber und starrte ihn erschrocken an. «Ist er –»

«Abgehauen, ja. Und das schon zum zweiten Mal. Gestern war er schon weg, als ich aufgewacht bin. Und heute Vormittag ist er mir wieder entwischt.»

Laura schüttelte den Kopf. «Und warum?»

«Ich nehme an, dass es in der Nähe eine heiße Hündin gibt. Anders kann ich's mir nicht erklären.»

Ein heftiger Windstoß fegte über die beiden hinweg. Paul blickte den grauen Wolkenfetzen hinterher, die über den Himmel jagten. «Ich glaube, es gibt Tauwetter», brummte er.

Einen Moment später klang vom Höllbuckel ein leises Heulen herüber. «Na, so was!» Paul drehte sich um. Bimiak kam den Weg heraufgetrabt.

Als der Wolfshund bei ihnen angelangt war, sprang er zwar an seinem Herrn hoch und begrüßte auch Laura mit freudigem Schwanzwedeln, aber dann ließ er sich erschöpft in den Schnee fallen und senkte traurig den Kopf. Nur die Ohren standen steil in die Höhe. Vor allem das linke.

«Na, du alter Ausreißer.» Paul gab ihm einen liebevollen Klaps. «Hat dich deine schöne Hundedame etwa abblitzen lassen?»

Da sah der Wolfshund Laura mit einem Blick an, der ihr bekannt vorkam. Genauso blinzelte Big ihr manchmal zu, wenn die Eltern total kindischen Schwachsinn redeten.

Paul machte keine Anstalten, Laura in die Hütte einzuladen. Aber die beiden Wolfsbücher wollte Laura ihm doch noch zeigen.

«Wenn ich nur meine Brille nicht verloren hätte!», seufzte Paul und hielt dabei das Buch mit Bernstein auf dem Titelblatt weit von sich weg. «Sonst würde ich fast sagen, dass der da genau wie Bimiak aussieht!»

Als Laura sich kurz darauf auf den Heimweg machte, stand Bimiak wieder auf den Hinterbeinen am Zaun und legte die Vorderpfoten auf die obere Querlatte. Ein heftiger Windstoß fuhr ihm durchs Fell und ließ ihn Furcht erregend strubbelig aussehen. Die Ohren hielt er immer noch steil nach oben. Vor allem das linke. Dann hob er seine Schnauze in den grauen Wolkenhimmel und stimmte sein wunderschön-traurig auf- und abschwellendes Heulen an.

Diesmal konnte Laura gar nicht anders. Ganz selbstverständlich legte auch sie den Kopf weit in den Nacken und fiel mit rundgewölbten Lippen in den Gesang ein.

«Komm bald mal wieder!», sagte Paul, als sie ihm zum Abschied noch einmal die Hand über den Zaun reichte. Er hatte Tränen in den Augen.

Auf dem Heimweg erinnerte sich Laura dunkel an eine Indianergeschichte, die Big ihr irgendwann vorgelesen hatte. «Mit ihrem Heulen riefen die Wölfe einst die Geister», hieß es da.

In der nächsten Nacht schlug das Wetter um – genau wie Paul es prophezeit hatte. Am Morgen des 27. Dezember hatten Regen und Föhnwind sämtlichen Schnee samt allen Rodel- und Eisbahnen in wässrigen Matsch verwandelt.

Da hätten die sich die blödsinnige Sandaktion gleich sparen können! Laura hockte an ihrem Schreibtisch und starrte in den düsteren Vormittag. Dann knipste sie seufzend die Schreibtischlampe an. Sie hatte sich vorgenommen, ein bisschen Blockflöte zu spielen. Zumindest war das etwas, was nichts mit Big zu tun hatte. Nach der ersten gemeinsamen Unterrichtsstunde hatte der Bruder beschlossen, dass ihm «dieses Gepiepse total auf den Geist geht», und sein Instrument nie mehr angerührt. Laura starrte weiter aus dem Fenster und rollte dabei die Flöte gedankenverloren über die Weihnachtsliedernoten, als wären die ein Kuchenteig.

Es wurde immer düsterer draußen. Selbst Lauras Lieblingsplatane, die direkt vor dem Haus auf dem Bürgersteig wuchs, sah heute irgendwie schlecht gelaunt und mickrig aus. Dabei war dieser Baum der kräftigste in der ganzen Allee.

Unten schlug jemand laut die Haustür zu. Laura zuckte zusammen. Drei Sekunden später quietschte das schmiedeeiserne Vorgartentor, und dann sah sie Big davoneilen.

Ob er inzwischen weiß, wer diesen Schwachsinn mit dem Sand verzapft hat? Und warum sagt er dann nichts? Laura fuhr sich mit dem Zeigefinger über die Stirn. Aber was geht's mich an. Wahrscheinlich ist er immer noch sauer, weil ich ihm vorgestern diesen Vertrag aufs Auge gedrückt habe. Und ich bin sauer, dass er sein Versprechen nicht gehalten hat. Na gut, dann behalte ich mein Wolfs-Geheimnis eben für mich!

Laura schlug mit der Faust auf den Tisch. Daraufhin begann die Schreibtischlampe mal wieder zu flackern. Schon vorgestern hatte Vater versprochen, sie zu reparieren.

Selbst auf den ist kein Verlass mehr. Wütend rannte Laura die Treppe hinunter.

Der Vater war gerade am Aufbrechen. «Ich muss schnell in die Sankt-Ursula-Kirche», erklärte er ihr. «Da ist schon wieder ein Kurzschluss. Aber dann bist du dran, versprochen.» Fröhlich pfeifend zog er mit seinem großen schwarzen Handwerkskoffer los. Laura sah ihm erstaunt hinterher. So guter Laune hatte sie ihn seit Tagen nicht mehr erlebt.

«Bloß gut, dass Weihnachten rum ist!» Auch Mutter strahlte wie ein Honigkuchenpferd. Sie legte ihren Arm um Lauras Schultern. «Aber sag mal, was ist nur mit Big und dir los?»

Laura seufzte laut auf. «Jungs sind einfach absolut beknackte Blödmänner.»

«So?» Mutter zog erstaunt die Augenbrauen hoch.

«Also ich könnte gut ohne die auskommen», legte Laura

los. «Wenn's nur Mädchen auf der Welt gäbe, wäre alles einfacher.»

Mutter lachte laut auf. «Na ja, manchmal könnte ich auch alle Männer auf den Mond schießen. Aber wir brauchen sie nun mal.» Sie kicherte. «Nicht nur zum Kindermachen. Ich fürchte, auf die Dauer wäre es doch ziemlich langweilig ohne sie.»

In dem Moment klingelte das Telefon. Es war Bine.

«So», sagte Vater Lehner, «dann wollen wir mal.» Er stand vor dem Altar der Sankt-Ursula-Kirche, rieb sich die kalten Hände und öffnete dann, immer noch fröhlich pfeifend, seinen Handwerkskoffer. Endlich war wieder Alltag! «Nichts ist schwerer zu ertragen als eine Reihe von Feiertagen», hatte seine Mutter regelmäßig gesagt, wenn Weihnachten vorbei war. Und diese Festtage waren wirklich kaum auszuhalten gewesen! Eine ziemlich genervte Frau und zwei Kinder, die sich entweder anschwiegen oder angifteten ...

«So!» Vater Lehner stand vor seinem geöffneten Handwerkskoffer und ließ erst einmal seinen Blick in die Runde schweifen. Dabei pfiff er immer noch leise vor sich hin. Die Engel an den Seitenwänden dieser alten Barockkirche gefielen ihm besonders gut. Sehr fromm sahen die üppig mit Gold verzierten Figuren allerdings nicht aus. Mit ihren pausbäckig-lachenden Gesichtern wirkten sie eher wie Kinder, die sich gerade einen lustigen Streich ausgedacht hatten. Der eine Engel links in der Ecke erinnerte Vater Lehner irgendwie an Laura. Genauso unwiderstehlich verschmitzt konnte sie lächeln, als sie zwei, drei Jahre alt war.

Und Arne konnte das natürlich auch. Mit zwei, drei Jahren hatten sich die Zwillinge noch viel ähnlicher gesehen als heute. Vater Lehner stand jetzt vor dem Engel ganz links und legte den Kopf ein bisschen schräg. Aber irgendwie erinnerte ihn dieses Kind mit den goldverzierten Locken doch eher an Laura …

Wie bitte? Er blickte sich erschrocken um. Hatte da irgendwer leise gekichert? Aber es war niemand zu sehen. «Dann wollen wir mal!» Der Elektromeister kehrte rasch zu seinem Handwerkskoffer zurück und machte sich nun endgültig auf die Suche nach der Ursache für den Kurzschluss.

Er hatte die defekte Stelle in der Leitung auch bald gefunden. Sie lag genau hinter dem Engel, der ihn an Laura erinnerte.

«So», sagte Vater Lehner laut, als er mit der Reparatur fertig war. «Das war's für heute, wir können heimgehen.» Dann biss er sich auf die Lippen. Er hatte sich mal wieder bei seiner Angewohnheit ertappt, ständig «So» zu sagen. Seine Lehrlinge nannten ihn deswegen manchmal hinter seinem Rücken den «So-So».

Rasch schloss der Elektromeister seinen Handwerkskoffer. Als er auf die Kirchentür zuging, hörte er einen leisen Seufzer hinter sich. Er fuhr auf dem Absatz herum. Wieder war niemand zu sehen. Aber der Engel, der wie Laura aussah, schaute jetzt plötzlich todtraurig drein. «So, adieu!», flüsterte eine Stimme.

Will mich da jemand verarschen? Vater Lehner runzelte die Stirn.

«Adieu, Gabriele!», ertönte eine leise Antwort. Der Elektromeister starrte verdutzt seinen Handwerkskoffer an. Ihm war nämlich, als käme die Antwort genau von dort. «Ich glaub, ich spinne!», schimpfte er laut los und verließ die Kirche, so schnell er konnte.

«Sag mal, hast du schon irgendwas rausgekriegt?», wollte Bine am Telefon als Erstes von Laura wissen. Ihre Stimme klang ungewöhnlich freundschaftlich. Aber eine Freundschaft war das zwischen den beiden nun mal nicht. Eigentlich hatte Laura überhaupt keine richtige Freundin. Bruder Biggie war eben sehr lange Zeit ihr Ein und Alles gewesen ...

Und um den drehte sich auch Bines nächste Frage: «Hat Big irgendwas dazu gesagt? Ich wüsste vor allem gerne», fuhr sie gleich fort, «ob diese Schweinerei mit dem Sand eine Gemeinschaftsaktion der Jungs war – also dann natürlich auf Bigs Befehl. Dann wäre eine entsprechend hundsgemeine Rache fällig – ist doch klar, oder?»

Laura biss sich auf die Lippen.

«Also, was ist», drängte Bine, «du hast doch hoffentlich längst mit deinem Brüderchen darüber geredet, oder?»

«Plötzlich soll ich also mit ihm reden!», gab Laura patzig zurück. «Vorgestern warst du noch sauer deswegen.»

«Das war was ganz anderes. Da hast du verdammt selbstherrlich verhandelt. Aber jetzt bist du doch die ideale Spionin für uns!»

Laura rutschte unruhig auf ihrem Sitz hin und her. Klar hatte sie eine Stinkewut auf alle Jungs, und besonders auf den Bruder. Aber «Spionin», das klang ihr doch ein bisschen zu heiß.

«Also, wenn du mir heute nichts erzählen willst», Bines Stimme klang jetzt gar nicht mehr freundschaftlich, «dann überleg dir's bis morgen. Wir treffen uns um zehn bei mir zur Krisensitzung.»

«So, da wären wir!» Als Vater zurückkam, stellte er seinen Handwerkskoffer gleich in Lauras Zimmer neben der Tür ab. «Ich koche mir nur schnell einen Kaffee, dann ist deine Lampe dran.»

Laura reagierte nicht. Sie saß an ihrem Schreibtisch und fühlte sich nach dem Telefonat mit Bine immer noch total ungemütlich. Aber das änderte sich mit einem Schlag.

«Was hat der Kaffeekoch denn für ein Kaffeekochrezept?», fragte plötzlich eine helle Jungenstimme hinter ihr.

Laura fuhr erschrocken herum.

«Nimmt er fünfzig Kürbissamen vermischt mit fünf Blatt feinstem Klopapier?», fragte die Stimme unbeirrt weiter. «Oder kocht er dreizehn Kullerpfirsiche mit dreißig Knusperkrabbenbeinen?»

«Wie bitte?» Laura starrte mit offenem Mund Vaters Handwerkskoffer an. Die Stimme kam eindeutig von dort! – Eigentlich liebte sie so verrückte Geschichten, in denen plötzlich Tiere oder Pflanzen zu reden anfingen. Aber von einem sprechenden Handwerkskoffer hatte sie noch nie etwas gehört. Noch dazu einer, der so einen köstlichen Unsinn fragt! Aber das war ja jetzt gar keine Geschichte mehr, sondern Wirklichkeit ...

«Ach, entschuldige, ich hab mich noch nicht vorgestellt», fuhr die helle Jungenstimme fort, «ich bin ein Geist und heiße So –»

Laura streckte neugierig ihren Kopf in Richtung Handwerkskoffer. «Ja, wie denn?», fragte sie schließlich, weil die Stimme verstummt war.

«So.»

«Wie so?»

«Na eben So.»

«Das ist doch kein Name.»

«Klar ist So ein Name. – Allerdings in gewissem Sinne nur ein halber. Weil ich auch nur ein halber Geist bin.»

In dem Moment kam Vater herein. «So, jetzt ist die Lampe dran.» Er öffnete seinen Koffer. Dann blickte er auf. «Was gibt's da zu kichern?» Laura hielt die Luft an. Sie hatte das Kichern auch gehört. Es kam aus ihrem Schulranzen.

«Nur so», murmelte sie dann und musste nun selbst kichern.

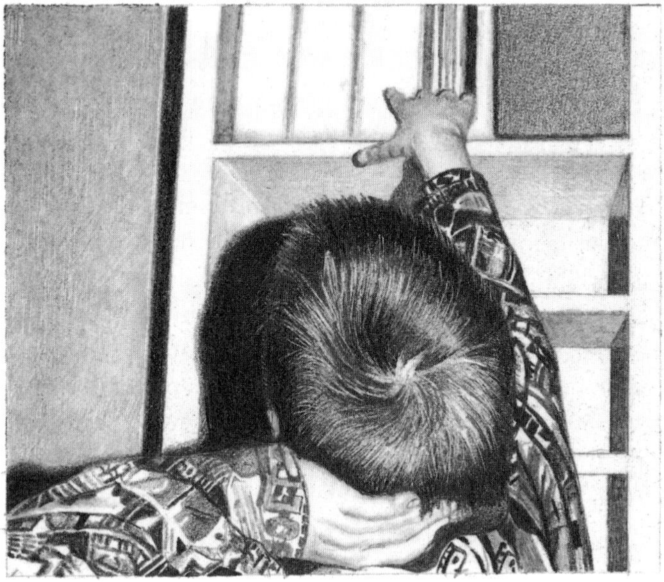

Der Verdacht und eine neue Freundschaft

Jan durchkämmte den ganzen Vormittag über noch einmal jeden Winkel des Nordbahnhofs. Aber dieses Mal war er nicht hinter dem Radio her. Jedenfalls nicht direkt. Wonach er fahndete, war größer und ging auf zwei Beinen.

Am liebsten hätte er gleichzeitig einen ganzen Trupp Menschen kreuz und quer durch die Stadt auf die Suche geschickt. Aber Mutter hatte immer noch die Grippe. Big traute er sich nicht zu fragen, und Oliver, diese treulose Tomate, hatte sich am Abend zuvor verabschiedet, weil seine Eltern mit ihm und den Huskys ein paar Tage in die Berge fahren wollten.

Doch immerhin hatte ihm die treulose Tomate noch, ohne es zu merken, den entscheidenden Tipp gegeben. Sie standen bereits unter Jans Haustür, als Oliver noch einmal von dieser Sandgeschichte anfing. «Ich hab übrigens einen Verdacht, wer's gewesen sein könnte», raunte er ihm ins Ohr. Einen Namen wollte er aber noch nicht nennen.

Normalerweise wäre Jan über die Geheimnistuerei des Freundes stinkesauer gewesen. Beim Stichwort «Verdacht» wurde es jedoch plötzlich taghell in seinem Kopf, als hätte Oliver da drin einen Scheinwerfer angeknipst.

Er sah sich mit Mutter in der S-Bahn sitzen. Am gegenüberliegenden Fenster hockte ein Penner und schlief. Ihm zu Füßen lag ein hellwacher, merkwürdig aussehender Schäferhund. Irgendwann heulte der leise auf. «Wie unheimlich!», hatte Mutter gemeint. «Klingt fast wie Wolfsheulen.»

Wo die beiden ausgestiegen waren, daran konnte Jan sich leider nicht genau erinnern. Aber vermutlich war es derselbe Hund gewesen, der am nächsten Morgen in der Halle des Nordbahnhofs wieder so schauerlich aufheulte. Vielleicht hatten die beiden die Nacht auf dem Bahnsteig der U-Bahn verbracht? Und genau da stand das Radio. Ziemlich verdächtig! Warum bin ich da nicht schon längst drauf gekommen? Den Typ muss ich finden, verdammt nochmal!

Als Jan mit seinen Gedanken an diesem Punkt angelangt war, hatte Oliver sich längst verabschiedet.

Er fand an diesem Vormittag jede Menge Penner am Nordbahnhof. Nur den einen nicht. Jetzt muss ich doch Big einweihen!, dachte er auf dem Heimweg. Und vielleicht auch Laura – und überhaupt alle Welt.

Er war kaum zu Hause, als das Telefon klingelte. Was für ein Zufall: Es war Big. Er teilte ihm allerdings nur ziemlich kurz angebunden mit, dass er ihn um zwei Uhr in seinem Zimmer erwarte.

Jan machte sich mit gemischten Gefühlen auf den Weg. «Pass auf, er quetscht jeden aus der Gruppe wegen der Sandaktion einzeln aus wie eine Zitrone!», hatte Oliver ihn gestern noch gewarnt. Als er Punkt zwei Uhr durch die quietschende Vorgartentür auf das Lehner'sche Haus zuging, spürte er sein Herz klopfen. Aber vielleicht kam das auch daher, dass Lauras Kopf oben kurz am Fenster aufgetaucht war. Ob er nachher endlich den Mut haben würde, wenigstens ihr von seiner verzweifelten Suche zu erzählen und sie um Hilfe zu bitten?

«Schön, dass du kommst!» Big empfing in völlig anders

als erwartet. Er strahlte ihn an, als wären sie schon jahrelang befreundet, hätten sich jedoch ewig nicht gesehen. Auf jeden Fall schien er sich nach Gesellschaft zu sehnen.

In seinem Zimmer standen mehrere Limoflaschen und bergeweise Weihnachtsplätzchen bereit. Big überließ Jan die Kuschelecke auf seinem Bett und lümmelte sich gegenüber in seinen Schreibtischstuhl. Trinkend und Plätzchen knabbernd redeten sie über alles Mögliche – nur nicht über die Sandaktion.

Irgendwann fing Big an, erzählend und gestikulierend ein Buch nach dem anderen aus dem Regal zu angeln, das über Jans Kopf hing. Teils drückte er sie ihm in die Hand, teils breitete er sie um ihn herum auf dem Bett aus. Sie handelten allesamt von Wölfen. An dem Feuereifer, mit dem er von diesen Tieren berichtete, merkte Jan sehr schnell, dass das seine absoluten Lieblinge waren.

«Du müsstest zum Beispiel mal sehen, wie geduldig alle Erwachsenen in so einem Rudel mit den Welpen umgehen! Die Kleinen dürfen alles, sie anspringen, auf ihnen rumklettern, ihnen in den Schwanz beißen. Und das stundenlang. Dabei könnten die Erwachsenen ihnen mit einem einzigen Biss den Schädel zertrümmern. Und wenn die Welpen untereinander spielen, dann geht's total niedlich rund, sag ich dir. Bevor sie anfangen, legen sie sich erst mal mit den Vorderpfoten flach auf den Boden und machen ein Spielgesicht. Das sieht ganz anders aus als zum Beispiel das Drohgesicht. Und dann gibt's verschiedene Rennspiele und Beißspiele und alles Mögliche. Warte mal, wo ist denn das Buch mit den Bildern von Näschen, Wölfchen und Alexander –»

Big stand in dicken roten Socken auf dem Bett und kramte immer noch in dem Regal. Jan schaute zu ihm hinauf und erkannte ihn kaum wieder. Was für ein weiches

Gesicht er auf einmal hatte! Dieser Junge mit den roten Borstenhaaren, der da mit glänzend grünen Augen von kleinen Wölfen erzählte, war jemand ganz anderer als der große, coole Mannschaftskapitän der EISLÖWEN. Den hatte Jan nur bewundert. Diesen Big hingegen konnte er gern haben, wie einen Freund. – Richtige Freunde hatte Big eigentlich gar nicht, fiel Jan ein. Wenn er nicht den Anführer spielte, sah man ihn eigentlich nur mit Laura zusammen ...

«Verdammtes Miststück!» Mit diesem Ausruf verwandelte sich das Gesicht über ihm wieder in das, was Jan viel besser kannte. «Klaut einfach meine Bücher!» Big ballte drohend die Faust und starrte dabei die gegenüberliegende Wand an. Dann zog er seine Stupsnase kraus. Dabei kamen die Zähne zum Vorschein. Jan hatte dieses Zeichen äußerster Wut schon öfter an ihm gesehen, aber jetzt erinnerte es ihn an das Bild eines wütenden Wolfs, das er kurz zuvor in einem der Bücher betrachtet hatte.

Unwillkürlich starrte Jan auch auf die gegenüberliegende Wand. Er wusste, dass dort Lauras Zimmer lag.

«Weiber!», stieß Big hervor und ließ sich neben ihm aufs Bett plumpsen. «Findest du nicht auch, dass die das Allerüberflüssigste sind, was es auf der Welt gibt?»

«Na ja –» Jan kaute auf seiner Unterlippe herum.

«Nichts als Kichererbsen», ein weiterer Fausthieb in Richtung Nachbarzimmer folgte, «und Kreischkarotten!» Über die «Kreischkarotten», seine neueste Wortschöpfung, geriet Big nun selbst fast ins Kreischen, so gut gefiel sie ihm.

Jan schüttelte den Kopf. «Aber Laura –», begann er vorsichtig.

«– ist noch dazu eine gemeine Erpresserin!», fauchte Big. «Aber, pah, ich bin ihrer geheimnisvollen Story selber auf die Spur gekommen. – Hast du schon mal einen Wolf heulen hören – und zwar vor einer Kirche?», wandte er sich dann abrupt an Jan. Bei der Geschichte, die er ihm daraufhin erzählte, entspannte sich sein Gesicht wieder. Jan hingegen wurde immer aufgeregter ...

Big war am Vormittag auf dem Weg zu Alex, mit dem er «mal Klartext reden musste», an der Sankt-Marien-Kirche vorbeigegangen. Und da kam gerade ein alter Mann heraus. Ziemlich schnell, als wäre er auf der Flucht. Wahrscheinlich hätte er den trotzdem nicht weiter beachtet, wenn hinter ihm nicht ein merkwürdiger Hund hergelaufen wäre. Er hielt die Schnauze dicht über dem Boden, als würde er nach irgendeiner Fährte suchen. «Erst hab ich ihn für einen Schäferhund gehalten», erzählte Big mit glänzenden Augen weiter. Jan wurde unruhig. «Aber dann fing er zu heulen an. Eindeutig wie ein Wolf, klarer Fall. Da kenne ich mich ja schließlich aus.»

«Waas?» Jetzt hielt es Jan nicht mehr auf dem Bett. «Das gibt's doch nicht!» Er schob sich hastig die Locken aus der Stirn. «Wie sahen die beiden aus?»

Nach Bigs Beschreibung gab es keinen Zweifel mehr. Jan wäre ihm am liebsten um den Hals gefallen. Jetzt hatte er wirklich das Gefühl, einen neuen tollen Freund gewonnen zu haben.

Die Geisterstimme aus der Büchertasche

Wenn die Wand zwischen Bigs und Lauras Zimmern Ohren gehabt hätte, wäre sie an diesem Nachmittag hin und her gerissen gewesen, in welche Richtung sie ihre Lauscher ausstrecken sollte.

Bei Laura ging es von Anfang an zwar sehr viel leiser, aber keineswegs weniger aufregend zu.

Als sie nach dem Mittagessen ins Zimmer kam, quietschte unten die Gartenpforte. Mit einem Blick aus dem Fenster stellte sie fest, dass Jan auf das Haus zuging. Ihr Herz machte einen kleinen Sprung. Aber jetzt konnte sie überhaupt keinen Besuch brauchen! Sie hatte ja schon einen. Und der war viel spannender. Vor dem Mittagessen war sie nicht mehr dazu gekommen, sich mit diesem neuen, offenbar unsichtbaren Gast namens So allein zu unterhalten. Klar war nur, dass er sich aus Vaters Handwerkskoffer blitzschnell in ihre Büchertasche geflüchtet hatte.

Laura hörte, wie Big die Treppe hinunterrannte und Jan freudig begrüßte. Na prima! Zur Sicherheit hängte sie noch schnell das Bitte-nicht-stören-Schild an die Tür. «So, bist du noch da?», fragte sie dann im Flüsterton in Richtung Büchertasche.

«Was gab's zum Mittagessen?», lautete die Gegenfrage. «Blaues Huhn mit Blubbernudeln oder Zwergnases Zwiebelpudding mit gezuckerter Nieswurz? – Warum sagst du nichts? Ihr habt doch nicht etwa Buntes Nichts mit kahlen Beinen essen müssen?»

«Nein – nein», Laura geriet vor Lachen und Staunen ins Stottern, «es gab – ganz einfach Fischfilet mit Pommes und Salat.»

«Fisch mit Pommes? Wie langweilig», lautete der empörte Kommentar aus der Büchertasche, «da kannst du genauso gut eine Rückfahrkarte nach Buxtehude essen. Oder dein Rechenbuch, was mir hier drin übrigens die Luft verdammt trocken macht. Fisch ist ja in Ordnung, jedenfalls einer mit blaugelb brummenden Flunderflossen. Aber nur, wenn man ihn, bitte schön, mit Fahrradklingeln serviert! Die chinesische Sorte namens Ringsingding schmeckt übrigens am köstlichsten, aber die gibt's leider nicht auf jedem Klingelmarkt zu kaufen. Auf jeden Fall ist aber ein Fisch ohne Fahrradklingel genauso unmöglich wie – wie –»

Weil So das alles todernst von sich gab, hatte Laura ihr Lachen bis jetzt unterdrückt. Aber nun, wo er eine Pause machte, ging das nicht mehr. «Sag mal, bist du immer so – So?», prustete sie laut los.

«Nein, nur wenn ich traurig bin.»

«Wie? Wenn du traurig bist, bist du lustig?»

«So ungefähr. Fia hat mich früher manchmal mit Absicht ein bisschen taurig gemacht, weil sie sich an meinen Rezepten nicht satt hören konnte. Und seit ich nicht mehr bei ihr bin, fällt mir kaum noch etwas anderes ein. Bloß gut, dass Gabriele, meine süße Engelszuflucht, mir stundenlang fröhlich glucksend zuhören konnte. Eins von ihren Lieblingsgerichten waren übrigens gebackene Pfaffenschuhsohlen mit geschnetzelten Teufelsschwänzen oder gehackte Orgelpfeifen in scharfer Sündersoße –»

«Halt, stopp!», unterbrach Laura den nun wie ein Wasserfall lossprudelnden So. «Jetzt erzähl doch bitte erst mal von dir!» Beim Mittagessen war ihr ständig Sos Erklärung, er sei nur ein halber Geist, durch den Kopf gegangen. Ein halber Regenwurm kann weiterleben, fiel ihr ein. Aber ein halber Fisch zum Beispiel nicht.

«Ach, Laura!» Die Stimme aus der Büchertasche klang plötzlich viel dunkler als bisher. «Ich hab in den letzten dreizehn und zwei Jahren nur einmal versucht, meine Geschichte zu erzählen, und das hat auch nichts genützt. Aber du bist so anders, ich hör das genau – so lilaluftiglichtgrünblau.»

Laura hielt den Atem an. Das klang wunderschön. Und als sie an sich hinunterblickte, musste sie lächeln. Sie hatte einen lila-grün-blau gestreiften Pullover an. Offenbar konnte der Geist sie sehen, obwohl er doch in der Büchertasche steckte.

«Ich sehe dich nicht nach Menschenart», kam die prompte Antwort, obwohl Laura gar nichts gesagt hatte. «Aber ich kann hören, wie jemand aussieht. Dein Pullover ist nicht das Entscheidende. Du siehst auch innendrin so lilaluftig-lichtgrünblau aus. Darum will ich dir auch meine Geschichte erzählen – aber vorher musst du mir etwas versprechen.»

«Ja?»

«Du musst mir helfen, Fia zu finden. Das ist meine Zwillingsschwester, weißt du, also meine andere Hälfte.»

Laura versprach es aufs Geratewohl. Und: Schau mal an, ist das ein Zwilling!, ging es ihr kurz durch den Sinn. Aber erst einmal war sie viel zu neugierig auf Sos Geschichte.

Bis jetzt hatte sie vor der Büchertasche auf den Knien gehockt. Als So nun zu erzählen anfing, machte sie es sich auf einem Kissen im Schneidersitz gemütlich. Gelegentlich klangen von nebenan zwei Jungenstimmen herüber. Sie wusste natürlich, dass es Big und Jan waren, aber wer waren Big und Jan?

Zunächst hatte So allerdings Schwierigkeiten, sich zu erinnern. «Ohne Fia ist auch mein Gedächtnis nur halb», erklärte er. «Vor allem von der glücklichen Zeit vor zweimal dreizehntausend Jahren, als ich mit ihr im Land Lupuslazuli lebte, weiß ich eigentlich nur noch, dass es eben eine glückliche Zeit war. – Das Unglück fing überhaupt erst vor dreizehn und zwei Jahren an. An einem Sonntagnachmittag bei Theo und Jette, in einem dottergelb singenden Haus mit himmelblau klingenden Fensterläden. Eigentlich war es ein Sonntagnachmittag wie jeder andere – wenn ich mich da nicht ausgerechnet in Tante Kittys Koffer versteckt hätte ...»

«Verdammtes Miststück!», tönte Bigs wütende Stimme von nebenan herüber. Aber Laura hörte es nur mit halbem Ohr. So war in seiner Erzählung nämlich gerade am Flughafen angelangt. Tante Kitty stand in der Schlange vor dem Abfertigungsschalter. Natürlich ahnte sie nicht, dass in dem roten Lederkoffer, den sie hinter sich herzog, ein unfreiwilliger Passagier steckte ...

«Sag bloß, du bist mit nach Amerika geflogen!» Laura rutschte mit ihrem Kissen noch dichter an die Büchertasche heran. Gleichzeitig fragte sie sich, ob Geister überhaupt ein Flugzeug zum Fliegen brauchten.

So, der offensichtlich ihre Gedanken lesen konnte, erkärte daraufhin, dass getrennte Zwillingsgeister sich ohne fremde Hilfe höchstens zwei, drei Meter weiterbewegen können. Deswegen beschloss er am Flughafen, wenigstens in derselben Stadt wie Fia zu bleiben, koste es, was es wolle.

Das schaffte er mit einem gewagten Sprung in die Aktentasche eines jungen Mannes, der hinter Tante Kitty in der Schlange stand. Der begleitete nämlich nur seine Freundin zum Abflugschalter. Damit war So fürs Erste gerettet. Lange hielt er es allerdings nicht bei diesem Aktentaschen-Mann aus. «Das war ein Miesmensch, weißt du, ein Viel-Frauen-Kaputtmacher», erklärte So.

Es folgte eine sieben Jahre währende Wanderschaft. Für Geister eigentlich keine lange Zeit. Für getrennte Zwillinge jedoch eine halbe Ewigkeit. Als Fortbewegungsmittel benutzte So jede erreichbare Art von Taschen, Koffern oder Kisten. Früher, erklärte er Laura, seien das beim Spielen mit Fia seine Lieblingsverstecke gewesen.

Jetzt aber hoffte er bei jedem Wechsel von einem Behälter zum nächsten inbrünstig, dass er auf diesem Weg an sein Ziel kam. Dass also der Mensch, der ihn mit sich herumtrug, seine Schritte auf wunderbare Weise ausgerechnet in das dottergelb singende Haus mit den himmelblau klingenden Fensterläden lenkte. Noch einfacher wäre es natürlich gewesen, einem dieser Träger das Haus zu beschreiben, damit er ihn direkt zu Fia zurückbringen konnte. Aber das hätte schon ein ganz besonders vertrauenswürdiger Mensch sein müssen.

«Und heute bist du dann in den Handwerkskoffer meines Vaters geschlüpft», warf Laura irgendwann ein. «Wo war das eigentlich?»

So kicherte leise. «Bei Gabriele, dem verrückten Mädchenengel oder Engelsmädchen.»

«Häh?» Laura runzelte die Stirn. Von einer Gabriele hatte er vorhin zwar schon mal was erzählt, aber –

«Du siehst ihr übrigens verdammt ähnlich. Das hat dein Vater auch gleich festgestellt. Darum hab ich mich ja überhaupt zum Abschied von dem süßen Mädchen entschlossen.»

«Häh?», machte Laura noch einmal. Wo hatte sich ihr Vater heute Vormittag herumgetrieben?

«Es war Liebe auf den ersten Blick, weißt du», sprudelte

es weiter aus So heraus. «Das hab ich gleich gespürt. Vor acht Jahren war das. Seitdem habe ich meistens in ihrem niedlichen runden Bäuchlein gehaust.»

Lauras Stirn bekam immer mehr Runzeln. «Und die Suche nach Fia –»

«– ging natürlich trotzdem weiter. Ich hab immer wieder Wochenausflüge unternommen, weißt du. Meistens in den Handtaschen alter Frauen. Aber ich hab mir nur solche ausgesucht, bei denen ich sicher war, dass sie mich am nächsten Sonntag brav wieder zurücktragen würden.»

Jetzt verstand Laura gar nichts mehr. «Wo war das denn?»

«Na, in der Kirche zur Kleinen Heiligen Bärin.»

«Wie bitte?» Laura merkte, wie Ärger in ihr hochstieg. «So eine Kirche gibt's überhaupt nicht. Mein Vater war in Sankt Ursula – soviel ich weiß.»

«Richtig, Sankt Ursula. So nennt ihr Menschen dieses Heiligtum. Aber das ist dasselbe, nur in einer anderen Sprache. Lateinisch, glaube ich. Ursula bedeutet jedenfalls nichts anderes als ‹Kleine Bärin›, hat Gabriele mir erklärt, und ‹Sankt› heißt heilig!» Ein tiefer Seufzer kam aus der Büchertasche. «Wahrscheinlich hätte ich das Fia an Silvester vor zwei Jahren auch erklären müssen ...»

Kurz bevor die Mutter zum Abendessen rief, wurden in beiden Kinderzimmern wichtige Beschlüsse gefasst. Die Jungen verabredeten sich für den nächsten Morgen, um mit gemeinsamem detektivischem Spürsinn den Penner aufzustöbern. Nach allem, was Jan erzählt hatte, stand auch für Big fest, dass nur der das Radio geklaut haben konnte. Das alte Gerät interessierte ihn wenig. Selbst Jans Andeutungen über einen offenbar kostbaren Inhalt waren nicht das Entscheidende. Am kostbarsten fand Big, dass er endlich einen richtigen Freund hatte.

Im Nebenzimmer versprach Laura dem Geist in der Büchertasche noch einmal hoch und heilig, von morgen früh an mit ihm zusammen nach seiner Schwester zu suchen. Viel mehr, als dass er Fia vor fünfzehn Jahren in einem dottergelb singenden Haus mit himmelblau klingenden Fensterläden bei einem älteren Ehepaar namens Theo und Jette zurückgelassen hatte, wusste der Zwillingsgeist allerdings nicht. «Aber ich würde bestimmt schon vor der Haustür Fias Farben hören», beteuerte er, «dieses zimtnelkenbraune Wispern und darüber eine mädesüßgrün gewürzte Melodie aus Liebstöckel- und Pfefferminztönen – das gibt's nur einmal auf der Welt.»

Neuigkeiten aus dem Ohr des Wolfshunds

In der Gartenhütte wurden schon am Abend zuvor wichtige Beschlüsse gefasst. Und zwar zum ersten Mal zu dritt.

Am ersten und zweiten Weihnachtsfeiertag hatten Bimiak und Fia zu zweit vergeblich nach So gesucht. Höchste Zeit, endlich Paul einzuweihen! Natürlich musste Fia das tun. Schließlich konnte nur sie sich in der Menschensprache ausdrücken. Sie war einverstanden. Unter einer Bedingung: dass sie dazu ihren derzeitigen, äußerst kuscheligen Aufenthaltsort nicht verlassen musste ...

Als Bimiak wie üblich nach dem Abendessen seine Schnauze auf Pauls Knie gelegt hatte, begannen diese Knie plötzlich zu zittern. Gleichzeitig starrte der Alte seinen Wolfshund wie eine Geistererscheinung an. Seit wann konnte der denn reden? Und das, wie es sich anhörte, auch noch mit den Ohren!

So nach und nach begriff er, wer hinter dieser «Geistererscheinung» steckte. – Während Fias Bericht leerte er ein paar Flaschen Bier, und anschließend begann er, Pläne zu schmieden. Natürlich klang die ganze Geschichte, vor allem die vom verlorenen Geisterzwillingsbruder, ziemlich verrückt. Und von einer Kirche zur Kleinen Heiligen Bärin hatte er auch noch nie etwas gehört. Aber er versprach, gleich am nächsten Morgen vom letzten Geld der Monatsrente einen Stadtplan zu kaufen. «Und dann klappern wir systematisch alle Kirchen ab.»

«Das haben wir die letzten beiden Tage auch schon versucht», erklärte Fia seufzend.

«Ach, da wart ihr Ausreißer! Ich dachte schon, Bimiak hätte eine heiße –»

Nach einem Blick in die empörten Augen seines Gegenübers vollendete Paul diesen Satz lieber nicht. Jetzt weißt du endlich, dass wir Wichtigeres zu tun hatten!, sagten die Augen.

«Jetzt weißt du endlich, dass wir Wichtigeres zu tun hatten!», tönte es gleichzeitig aus Bimiaks linkem Ohr, als säße dort seine Dolmetscherin. Und als Fia dann von den gemeinsamen Erlebnissen der letzten zwei Tage erzählte, schob sie gelegentlich weitere Übersetzungen von der Wolfshund- in die Menschensprache ein. «Wir sind nur in drei Kirchen überhaupt reingekommen, weil die Tür offen stand», berichtete sie, «und aus zweien hat man uns mit wüsten Beschimpfungen gleich wieder vertrieben. Ich versteh's ja nicht, aber Bimiak meint, die Menschen mögen eben keine Tiere in ihren Heiligtümern. Sie glauben, dass die keine Ahnung von etwas Göttlichem haben. Dabei stimmt das gar nicht! Luba, die große Wolfsgöttin mit den zweimal dreizehn Zitzen, sieht nur ziemlich anders aus als der tote Mann am Kreuz, den die Menschen verehren.»

Während dieser letzten Sätze wurden Pauls Augen vor Staunen immer größer. So, wie Bimiak ihn ansah, schien er das jetzt wirklich selbst zu erzählen …

Am nächsten Tag zogen sie zu dritt durch die Stadt. Sie klapperten insgesamt zehn Kirchen ab und bekamen nur eines zu spüren: dass nicht nur Hunde, sondern auch Menschen, die wie Penner aussehen, in den meisten dieser Heiligtümer keine willkommenen Gäste sind. Allerdings verhielten sich diese Gäste ja auch ziemlich merkwürdig …

«Was suchen Sie denn?», fragte zum Beispiel der Pfarrer von Sankt Marien, nachdem er eine Weile kopfschüttelnd zugesehen hatte, wie dieser alte Mann jeden Winkel des Gotteshauses durchstöberte. Genauer gesagt schien es sein Hund zu sein, der mit der Schnauze irgendeiner Fährte hinterherschnüffelte.

Paul blickte dem Pfarrer einen Moment lang prüfend in die Augen. Dann wagte er es einfach auf gut Glück: «Einen Geist suchen wir. Er ist –» Dann schaute er fragend zu Bimiak hinunter. Abgesehen davon, dass Fia sich unbändig nach ihm sehnte, wusste er eigentlich noch ziemlich wenig über So.

«Einen Geist?» Der Pfarrer war zunächst sichtlich verwirrt. Doch dann hellte sich sein Gesicht auf. «Meinen Sie den Heiligen Geist? Den brauchen Sie nicht zu suchen, der ist hier allgegenwärtig.»

«Ich glaub, sonderlich heilig ist unserer nicht», brummte Paul und verzog sich mit Bimiak, so schnell es ging, in Richtung Ausgang. In dem Moment, als Bimiak draußen wieder einmal lauthals zu heulen anfing, kam ein Junge mit rotem Borstenhaar vorbei. Er starrte den Wolfshund wie eine Wundererscheinung an. Irgendwie erinnerte er Paul an Laura ...

Am Abend, während in Lauras und Bigs Kinderzimmer gerade wichtige Beschlüsse gefasst wurden, herrschte in der Gartenhütte bedrückte Stimmung. Paul hatte sich heute vor allem auf die südlichen und westlichen Stadtteile konzentriert. Laut Stadtplan blieben für den nächsten Tag nur noch fünf Kirchen im Norden und Osten übrig, die Bimiak noch nicht mit der Schnauze abgesucht hatte. Eine, die den Namen der Kleinen Heiligen Bärin trug, war nicht darunter.

«Vielleicht hat Jette doch Recht gehabt!», seufzte das

Geistermädchen, nachdem Paul den Plan zusammengefaltet hatte. Bimiak untermalte ihre tieftraurige Stimme mit leisem Heulen, als wäre er jetzt der Übersetzer ihrer Gefühle.

«Womit soll sie Recht gehabt haben?», brummte Paul.

«Vor zwei Jahren, nach der Silvesterbotschaft von So, hat Jette angefangen, Berge von Büchern zu lesen», erklärte Fia mit todtrauriger Stimme. «Sie wollte herausfinden, wo eine solche Kirche zur Kleinen Heiligen Bärin stehen könnte. Kurz bevor sie starb, war sie sich ziemlich sicher, dass es so etwas, wenn überhaupt, nur im fernen Amerika bei den Indianern gibt. Niemand sonst verehrt heutzutage noch Bären als etwas Heiliges. – Und Wölfe schon gar nicht», fügte Fia, offenbar wieder als Bimiaks Dolmetscherin, hinzu.

«Das stimmt.» Paul lehnte sich im Korbsessel zurück und ließ seinen Blick durch das Zimmer schweifen. Die Petroleumlampe war fast erloschen. Stattdessen schien der volle Mond zum Fenster herein. Das Gerät auf dem Fensterbrett blinkte in seinem Licht.

Paul räusperte sich. Dass das Geistermädchen darin gehaust hatte, wusste er nun. Dann lag die nächste, ziemlich ungemütliche Frage nahe. «Sag mal, Fia – und dieses Radio?», begann er und rutschte unruhig im Sessel hin und her. «Das hat also auch Jette gehört?»

Wider Erwarten war das offenbar eine gute Frage. «Nein, das stammt aus Theos Auto», antwortete Fia in einem sehr viel fröhlicheren Plauderton. «Übrigens war das ein tomatenrot brummender VW-Käfer mit 40 PS. In dem bin ich viel durch die Gegend kutschiert. Allerdings saß ich dabei anfangs nur selten im Radio, diesem in allen Regenbogenfarben tönenden und quasselnden Derby-de-Luxe-Gerät. Jettes Armbanduhr schien mir damals für meine Zwecke besser geeignet zu sein. Das war übrigens eine goldig tickende Dugena Antichoc mit siebzehn Rubinen.»

«Du scheinst viel von Technik zu verstehen!», staunte Paul.

Damit hatte er das nächste gute Stichwort geliefert. Seit das Geistermädchen vor ein paar tausend Jahren mit ihrem Zwillingsbruder aus dem Land Lupuslazuli ins Land der Menschen übergesiedelt war, galt ihre besondere Vorliebe nämlich allen aus glänzendem Metall geformten Gerätschaften dieser aufrecht gehenden Zweibeiner. Paul hörte mit offenem Mund zu, wie begeistert und genau zugleich Fia zum Beispiel die Unterschiede zwischen einer Harpune, einer Hellebarde und einem Schwert beschreiben konnte. Sie wusste auch haarklein, mit welchen Maschinen man vor vierhundert Jahren die ersten Bücher gedruckt hatte und wie solche computergesteuerten Geräte heute aussehen. Auch im Inneren einer Waschmaschine, eines Haarföhns oder eines Kühlschranks kannte sie sich bestens aus ...

Aber an diesem Abend erzählte sie vor allem von Jettes Armbanduhr. Auch wenn das silbrige Ticken zunächst ein wenig störte, war dieses Gerät während der ersten Jahre nach Sos Verschwinden der ideale Platz gewesen, um nach der Stimme des Bruders Ausschau zu halten.

Als Fia an diesem Punkt ihrer Erzählung angelangt war, begann Bimiaks linkes Ohr plötzlich heftig zu zittern. «Jetzt weiß ich endlich wieder, wie So aussieht!», rief Fia begeistert aus. «Seine Stimme – wie konnte ich die nur vergessen! Dieses unverwechselbare Gemälde aus zimt- und nelkenbraunen Farbtönen, die sich mit den unterschiedlich grünen Melodien von Mädesüß, Liebstöckel und Pfefferminz mischen!»

Nach dieser blumenreichen Beschreibung des Gesuchten heulte Bimiak leise auf. Einen Moment lang war er versucht, dabei die Schnauze in sein linkes Ohr zu stecken. Aber das ging natürlich nicht. Und es war auch gar nicht nötig. Fia hatte soeben auf ihre Weise, also in Farben und Tönen, den gemeinsamen Geruch der Geisterzwillinge geschildert, den er genauso deutlich in seinem Schnauzengedächtnis mit sich herumtrug.

«Das Radiospiel haben Theo und ich übrigens gemeinsam erfunden», erzählte Fia dann munter weiter. «Er hat mich auf die Idee mit dem Sender Sofia gebracht. Und ich bin in das Gerät gekrochen. Immer wenn er über Kurzwelle an der Stelle gelandet war –»

«– wie ich an Heiligabend», warf Paul ein.

«– dann hab ich mit meiner Suchmeldung losgelegt. Und Theo hat So gespielt, der mir von einem anderen Sender aus antwortet. Da hat er dann immer ganz wunderschöne Geschichten erfunden.»

«Haben Theo und Jette eigentlich keine Kinder?», wollte Paul irgendwann wissen.

«Doch, eine Tochter Lia.» Die Antwort klang nicht sonderlich begeistert. «Aber die war schon aus dem Haus, als So und ich dort einzogen. Und den ‹Geisterfimmel› ihrer Mutter fand sie sowieso übertrieben. Theo reagierte glücklicherweise ganz anders, als Jette ihn kurz vor ihrem Tod einweihte. Und der Enkelsohn –»

Während Fias letzten Sätzen rutschte Paul unruhig im Sessel hin und her. Schließlich wusste er jetzt, wem das Radio gehörte. Also musste er es schnellstens zurückgeben. Wo mochte dieser Theo wohnen? Ob ein Geistermädchen auch Straßennamen und Hausnummern kannte? Aber wie war das Gerät am Abend des vierten Advent überhaupt auf die Bank in der U-Bahn-Station geraten? Hatte Theo es da vergessen? Eigentlich undenkbar, wo er doch wusste, wer in dem Radio steckte …

«Das war nicht Theo, das war Jan!» Fias Stimme riss ihn aus seinen ungemütlichen Gedanken.

«Und wer ist Jan?»

Daraufhin herrschte zunächst Stille. Nur Bimiaks linkes Ohr zuckte ein wenig. Seinem Augenausdruck nach zu urteilen, schien er sich im Moment lautlos, aber intensiv mit Fia zu unterhalten.

«Entschuldige, aber wir haben uns gerade über Jan gestritten», erklärte das Geistermädchen schließlich nach einer Weile laut. «Er ist Theos Enkelsohn, weißt du. Ich hatte bis eben eine ziemliche Wut auf ihn. Theo hat ihm viele Geschichten von So und mir erzählt. Aber er dachte, dass das alles nur Märchen sind. Dass ich in dem Radio steckte, wusste er allerdings tatsächlich nicht. Trotzdem hätte er das Gerät nicht in der U-Bahn-Station vergessen dürfen. Auch wenn Bimiak mich eben daran erinnert hat, dass es das Beste war, was mir passieren konnte. Sonst hätte ich Bimiak ja nicht getroffen – mit seiner phantastischen Spürnase für Geister.»

«Und wo finden wir diesen Jan jetzt?», wollte Paul wissen, nachdem er erfahren hatte, dass Theo im Krankenhaus lag.

«Straßennamen kann ich mir grundsätzlich nicht merken», antwortete Fia, «aber wenn du damals in der Bahn nicht geschlafen hättest, wüsstest du wenigstens, wie er aussieht! Ich kann dir nur die Farbe seiner Stimme beschreiben. Ziemlich hell, wie ein blondes Weizenfeld im Sommer, würde ich sagen.»

«Genauso riecht er auch», bestätigte Bimiak.

Mit dieser Beschreibung konnte Paul natürlich nicht allzu viel anfangen.

Für den Wolfshund und das Geistermädchen war die Suche nach So jedoch ohnehin viel wichtiger.

Vier Suchtrupps unterwegs

Am nächsten Morgen, es war Samstag, der 29. Dezember, machten sich also drei getrennte Suchtrupps auf den Weg. Aber keiner wusste etwas von dem anderen. Genauer gesagt, waren es sogar vier. Nach einem dringenden Anruf aus dem Krankenhaus wollte nämlich auch Jans Mutter etwas unternehmen.

Der Anruf kam kurz vor acht Uhr. «Ihr Vater hat letzte Nacht leider eine Lungenentzündung bekommen», berichtete die Krankenschwester. Das war schlimm genug. Aber dann sagte sie noch etwas viel Schlimmeres: «Und er hat einen dringenden Wunsch: Er möchte sein Radio wiederhaben!»

Jan war gerade beim Zähneputzen, als Mutter ihm die Botschaft überbrachte. Er ließ die Zahnbürste fallen und biss sich auf die Lippen.

Auch Mutter sah blass und mitgenommen aus. «Eigentlich wollte ich morgen endlich zu Besuch ins Krankenhaus. Es war mir schon peinlich genug, dass ich wegen meiner Grippe bisher nicht hinfahren konnte. Schließlich wollte ich Opa auf keinen Fall anstecken. Aber jetzt – was soll ich ihm sagen, wo sein Radio ist?»

«Verdammter Kackmist!» Jan spuckte den Rest Zahnpasta aus. Er musste diesen Penner finden. Und zwar sofort. Bloß gut, dass Big heute mit auf die Suche ging. Aber das reichte ihm jetzt nicht mehr. Er ließ sich in Mutters Arme fallen. «Liamama, hilfst du mir? Ich hab einen Verdacht, wer das Radio geklaut haben könnte.»

Jans Mutter konnte sich nur noch dunkel an den Alten mit dem merkwürdigen Schäferhund erinnern, der am vierten Advent mit ihnen in der S-Bahn gefahren war. Und sie zweifelte auch, ob Jans Verdacht stimmte. Den Obdachlosen hängt man viel zu leicht solche Geschichten an, meinte sie. Aber sie versprach, in verschiedenen Fundbüros und auf der Polizeistation nach dem Radio zu fragen.

Sie gingen gemeinsam aus dem Haus. Nach dem stürmischen Tauwetter der letzten Tage war es heute angenehm warm und windstill. Im Rinnstein schmolzen die letzten schmutzigen Schneereste.

Jan hatte sich mit Big um neun Uhr am Eingang der U-Bahn-Station verabredet. Auch wenn der neue Freund den Alten mit dem Wolfshund vorgestern an der Sankt Marienkirche gesehen hatte, wollten sie als Erstes zum Nordbahnhof. Schließlich halten sich Penner normalerweise viel eher in Bahnhöfen als in Kirchen auf.

Big war noch nicht da. Mutter wollte mit einem «Na dann: Viel Glück!» gerade die Rolltreppe betreten, als Jan sie am Ärmel zurückhielt.

«Es könnte übrigens sein», fing er an und musste sich dann erst einmal räuspern, «dass in dem Radio irgendwas Kostbares versteckt ist. Opa hat in den letzten Tagen da so Andeutungen gemacht. Weißt du vielleicht Genaueres?»

Mutter schüttelte den Kopf und hielt eine solche Geheimaktion ihres Vaters für ziemlich unwahrscheinlich. Trotzdem verschwand sie dann, wie es Jan schien, ungewöhnlich eilig die Rolltreppe hinunter.

Laura hatte es geschafft, eine halbe Stunde vor Big zu frühstücken. Und zwar mit ihrem Vater. Den musste sie nämlich unbedingt und zugleich möglichst unauffällig etwas fragen.

Als der Bruder die Treppe hinunterkam, war sie mit ihrer Büchertasche schon aus der Haustür geschlüpft. Der Mutter hatte sie nur etwas von einem «Mädchentreff bei Bine» zugerufen. Und eigentlich fand da ja tatsächlich um zehn Uhr diese Krisensitzung statt. Aber Laura hatte jetzt wahrhaftig Wichtigeres zu tun. Allerdings auch Schwierigeres.

«Straßennamen kann ich mir grundsätzlich nicht merken», hatte So ihr letzte Nacht zugeflüstert, während die Büchertasche an ihrem Bett lehnte. «Aber es stehen wunderschön lila summende Büsche vor diesem dottergelb singenden Haus mit den himmelblau klingenden Fensterläden.»

«Meinst du Fliederbüsche?», fragte Laura.

«Kann sein, dass Jette sie so genannt hat.»

Das war natürlich nicht viel an Information über Fias Domizil. Wie sollte Laura in einer Stadt mit 50000 Einwohnern ein gelbes Haus mit blauen Fensterläden und Fliederbüschen davor finden?

Aber dann fiel So noch etwas ein: «Im letzten Frühling habe ich dieses wunderbare lila Summen übrigens kaum mehr gehört. Da flogen ständig riesige schwarze Donnervögel übers Haus. Die haben alles Summen totgebrummt.»

Weil So mit den «Donnervögeln» offenbar Hubschrauber meinte, schloss Laura messerscharf, dass das Haus in der Nähe des Militärflughafens stehen musste.

Und beim Frühstück erfuhr sie dann von ihrem Vater, dass der Flughafen bei der Markthalle lag, in die sie manchmal samstags mit der Mutter zum Einkaufen fuhr. Also U-Bahn bis zum Nordbahnhof und dann S-Bahn bis zur letzten Station. Kein Problem für Laura.

Am liebsten wäre sie den ganzen Weg bis zur Haltestelle gerannt. Sie wusste jedoch nicht, ob der ungewöhnliche Inhalt ihres Ranzens das vertrug. So hatte beim Aufbruch nur leise «Gehen wir?» gefragt. Seitdem war er mucksmäuschenstill.

«He, Laura!», rief am Ende des Platanenwegs eine energische Stimme hinter ihr her. «Warte mal!» Es war Bine. Sie kam auf ihrem Fahrrad den Bürgersteig entlanggesaust. «Bist du schon auf dem Weg zu mir?», fragte sie atemlos.

«Nnnein», stotterte Laura und schielte kurz auf ihre Armbanduhr. Es war fünf vor neun Uhr. «Ist ja noch viel zu früh.»

«Aber ich muss dir unbedingt jetzt schon was erzählen!» Bine schien total aufgeregt zu sein. «Wir wissen nämlich wahrscheinlich, welcher Idiot den Sand auf den Weiher gestreut hat.»

Laura schielte wieder auf ihre Armbanduhr. Wenn sie die Bahn um fünf nach neun noch kriegen wollte, musste sie sich beeilen.

«Interessiert dich das etwa gar nicht? Oder weißt du's längst?»

«Doch, doch», Laura geriet ins Stottern, «also nein.»

«Wahrscheinlich war es Alex», flüsterte Bine. «Oliver hat Nadine vorgestern den Tipp gegeben. Er meint, dass Alex am Mittwochabend nach dem Eishockeyspiel eine Sauwut hatte. Nicht nur wegen Bigs Zeitstrafe. Da gab's vorher schon Zoff in der Gruppe über die Frage, wer stellvertretender Mannschaftskapitän werden soll. Typisch Jungs!»

Laura schob ihre Daumen unter die Riemen des Ranzens und trommelte mit den anderen Fingern darauf herum.

Aber Bine war nicht zu bremsen. «Und jetzt kommt das Tollste. Das hab ich gestern Nachmittag alleine herausgefunden. Stell dir vor, direkt vor Alex' Haustür steht zufällig so eine Streusandkiste der Stadt, für Glatteis! Wie findest du das?»

«Dann ist ja alles klar», murmelte Laura. Sie trat von einem Bein aufs andere. «Du, ich muss los.»

«Bis nachher!» Bine schwang sich auf ihr Fahrrad. «Denk dir schon mal einen schönen Racheplan aus.» Dann stutzte sie. «Sag mal, warum rennst du eigentlich mit dem Schulranzen durch die Gegend?»

Laura rannte jetzt wirklich. Die federleichte Tasche tanzte auf ihrem Rücken auf und ab. «Nur so», rief sie über die Schulter zurück. Dann musste sie grinsen. Aus der Tasche kam ein leises, mittlerweile vertrautes Kichern.

Leider fuhr ihr die U-Bahn vor der Nase weg.

Big stürzte fünf Minuten nach Laura mit dem Frühstücksbrot in der Hand aus dem Haus. Als er die Schwester am Ende des Platanenwegs mit Bine stehen sah, stoppte er abrupt und bog in die nächste Seitenstraße nach links ab.

«Endlich kommst du!» Jan wartete schon am Eingang der U-Bahn-Station. Wie es schien, war er total kribbelig. Er zog ihn sofort auf die Rolltreppe. «Es ist jetzt noch viel wichtiger, dass wir das Radio finden», raunte er ihm beim Hinunterfahren zu. «Und zwar möglichst sofort. Warum, erkläre ich dir gleich.» Sie erreichten gerade noch die Bahn um fünf nach neun.

Paul war ein leidenschaftlicher Langschläfer. Leider hatte er jedoch diese Leidenschaft während der letzten Jahrzehnte nur selten auskosten können. Auch in der Hinsicht fühlte er sich in der Gartenhütte fast wie im Paradies.

An diesem Morgen wälzte er sich schließlich um halb zehn Uhr fluchend aus dem Bett. Seit acht Uhr hatte Bimiak ihn immer wieder mit der Schnauze in die Seite gestupst. Weil das alles nichts nutzte, fing dieses Vieh von einem Hund schließlich ohrenzerreißend zu heulen an.

Zur selben Zeit fuhr Laura am Nordbahnhof die Rolltreppe von der U-Bahn zur S-Bahn-Station hinauf. In der Gegenrichtung standen die Menschen dicht gedrängt. Plötzlich entdeckte sie mitten in dieser abwärts rollenden Menge zwei Gesichter, die sie nur allzu gut kannte.

«Was machst du denn hier?», fauchte Big sie im Vorbeifahren an.

«Könnte ich dich genauso gut fragen», fauchte Laura zurück. Als sie den beiden einen Moment lang über die Schulter hinweg nachsah, fing sie einen merkwürdigen Blick von Jan auf. Ziemlich gefühlvoll. Ängstlich und bedauernd und irgendwie verdammt sehnsüchtig.

Die S-Bahn kam sofort, Laura fand ein ruhiges Eckchen, legte die Büchertasche auf ihren Schoß und lehnte sich zurück. Jans Blick ging ihr immer noch nach. – Ach, ihr könnt mich mal, alle miteinander! Sie ballte die Fäuste.

«Wer waren die zwei?», kam da eine aufgeregt flüsternde Frage aus der Büchertasche. «Der rostrotblau Brummende klang haargenau wie du.»

«Das war ja auch mein Zwillingsbruder.»

«Was – nein – du hast –?» Laura spürte, wie es in der Tasche unter ihren Händen zu beben anfing. «Du hast – einen Zwillingsbruder? Und – das sagst du mir jetzt erst?» Seiner Stimme nach zu urteilen, war So außer sich vor Wut. Vielleicht war es aber auch nur ungläubiges Staunen.

Glücklicherweise saß bis zur Endstation niemand in Lauras Nähe. Denn jetzt hatte sie dem Geisterjungen so einiges zu erzählen und zu erklären. Gleichzeitig begann ein Mischmasch an Gefühlen in ihrem Bauch zu rumoren. Es waren unterschiedliche Stimmen, die sich eigentlich schon gestern während Sos Bericht bemerkbar machen wollten. Aber da hatte sie nicht hingehört. Eins dieser Gefühle konnte überhaupt nicht verstehen, warum So sich, und das schon seit fünfzehn Jahren, so unbändig nach seiner Zwillingsschwester sehnte. – Ein zweites Gefühl beneidete den Geisterjungen um seine Sehnsucht. – Na ja, grummelte ein drittes Gefühl, zwischen denen ist das unsichtbare Band eben nie endgültig zerrissen.

Und so ging das noch eine Weile hin und her: Ich hab einfach eine Stinkewut und basta! – Warum eigentlich? Für den Sand auf dem Waldweiher kann er doch gar nichts! – Aber er hat den Vertrag nicht eingehalten. – Das weißt du nur von Jan. Du solltest ihn selbst danach fragen …

Als sie an der Endstation ausstieg, war Laura sich nicht sicher, was sie So wirklich über Big erzählt und was nur in ihrem Bauch rumort hatte. Aber jetzt brauchte sie ohnehin vor allem ihren Kopf. Wie sollte sie die Suche nach dem Haus am sinnvollsten anfangen? Als sie die Rolltreppe ins Freie hinauffuhr, knatterte zur Begrüßung als Erstes ein Hubschrauber über die Dächer hinweg.

«Habt ihr immer noch Zoff miteinander?» Nachdem Laura am Nordbahnhof mit der Rolltreppe unaufhaltsam nach oben verschwunden war, sah Jan seinen Freund fragend von der Seite an.

«Sie hat Zoff mit mir», brummte Big. «Und ich weiß überhaupt nicht, warum. Darum bin ich natürlich auch stinkesauer.»

Jan zog die Stirn kraus. Er mochte es grundsätzlich nicht, wenn Menschen sich stritten. Und in diesem Fall fand er es besonders schade. Schon weil er sich wahrscheinlich die neue Freundschaft mit Big gleich wieder verscherzen würde, wenn er auf Laura zuging. Gestern, als er aus Bigs Zimmer kam, sah er ein Bitte-nicht-stören-Schild an ihrer Tür hängen. Und das fand er verdammt schade. Komisch, dachte er, früher wollte ich in ihrer Gegenwart immer am liebsten weglaufen. Das ist irgendwie anders geworden.

Währenddessen waren sie längst unten auf dem Bahnsteig der U-Bahn angelangt. Jan schaute prüfend die Bankreihe entlang. Dann blieb sein Blick an der Wand hängen. «Dany I love you for ever!», stand da in knallroter Farbe. Immer noch. Oder jetzt erst recht.

Plötzlich sah er sich vom Waldweiher den Hang hinauflaufen. Unten tobte die Schneeballschlacht, und oben saß Laura. Sie lächelte ihn an. Diese moosgrünen Augen, verdammt nochmal. Aber dann verzerrte sich ihr Gesicht. «Dieser Mega-Super-Blödmann!», hörte er sie brüllen ...

Plötzlich fiel ihm siedend heiß etwas ein. Big hatte nämlich auf dem gemeinsamen Heimweg von der Schneeballschlacht vorgeschlagen, dass die EISLÖWEN sich am nächsten Tag nachmittags zum nächsten Spiel treffen könnten. «Und falls die Kichererbsen vormittags ihre lächerlichen Kringel auf dem Eis drehen wollen», fügte er betont lässig hinzu, «sollte uns das nicht jucken, verstanden?» Also hatte er den Vertrag mit Laura doch noch eingehalten ...

«Warum starrst du denn dauernd diesen blöden Spruch an?», brummte Big.

Jan wandte sich ihm zu. «Ich glaub, ich weiß jetzt, warum Laura so wütend auf dich ist. Und eigentlich bin ich mit daran schuld.»

«Häh?» Big schaute ihn mit heruntergezogenen Mundwinkeln gleichgültig an. Jetzt war er wieder ganz der coole

Mannschaftskapitän der EISLÖWEN. Aber er kaute ungewöhnlich aufgeregt auf seinem Kaugummi herum.

«Du hast ihr nichts davon erzählt?», fragte Jan, nachdem er ihm von seiner Vermutung berichtet hatte.

«Wieso denn? Sie hätte mich ja fragen können. – Übrigens das mit dem Sand war Alex», fügte er dann unvermittelt hinzu. «Er hat's mir gestern Abend am Telefon gestanden. Morgen Nachmittag treffen wir uns alle bei mir. Ich schlage vor, dass wir ihn aus der Gruppe ausschließen. – Aber jetzt lass und erst mal nach dem Penner suchen.» Er spuckte den Kaugummi gezielt in den nächsten Papierkorb. «Oder willst du weiter über meine süße kleine Schwester reden?»

Natürlich sollte die «süße kleine Schwester» ironisch klingen. Aber das gelang Big nicht so richtig. Im selben Moment war ihm nämlich ein Traum aus der letzten Nacht wieder eingefallen. Da war er mit Laura unterwegs gewesen. Im Stockdunkeln zogen sie gemeinsam etwas Schweres hinter sich her. Wahrscheinlich war es ein Schlitten mit einer Expeditionsausrüstung. Irgendwann blieb Laura stehen. «Schau doch!», flüsterte sie aufgeregt. Big konnte erst einmal nichts sehen. Aber dann wurde es plötzlich taghell. Sie befanden sich unterhalb des Höllbuckels. Und oben stand ein Wolf. Ganz deutlich hoben sich seine Umrisse gegen den hellen Himmel ab. Er hatte ein grauweiß schimmerndes Fell, genau wie der Hund dieses Penners vor der Sankt Marienkirche.

Nach einem zwanzigminütigen Fußmarsch durch die Schrebergärten betrat Paul um elf Uhr zusammen mit Bimiak die Erlöserkirche. Dass Fia mit von der Partie war, konnte er nur an dem ständig steil aufgerichteten linken Ohr seines Wolfshunds erkennen.

Der Kirchenraum war leer. Nur am Altar stand eine alte Frau. Sie war gerade dabei, den Tisch mit Blumen zu schmücken, und wandte ihnen den Rücken zu. Am Eingang lagen Schrubber und Putzlappen. Verdammt, dachte Paul, morgen ist ja Sonntag. Also überall Gottesdienst. Da müssen wir heute unbedingt mit dem Rundgang fertig werden. Um nicht unnötige Umwege machen zu müssen, hatte er sich einen genauen Plan ausgetüftelt. Als Nächstes war Sankt Bonifaz dran, dann die Christuskirche, danach Sankt Ursula und zum Schluss die Heilig-Kreuz-Kapelle.

Bimiak begann, wie üblich die Schnauze dicht über dem Boden, den Mittelgang der Erlöserkirche entlangzuschleichen. Paul schlurfte hinter ihm her. Der Rheumatismus in den Beinen machte ihm heute wieder einmal ziemlich zu schaffen. Der Hund kann das genauso gut ohne mich, dachte er und ließ sich auf einer der Bänke nieder.

Kurz darauf ertönte ein spitzer Entsetzensschrei vom Altar. Genau in dem Moment, als Bimiak dort angelangt war, hatte die alte Frau sich umgedreht.

«Sie brauchen keine Angst zu haben!» Paul lief, so schnell ihn seine Beine trugen, nach vorne.

«Eine Unverschämtheit ist das!» Die Frau griff nach der großen Bibel hinter sich und drückte das Buch wie ein schwarzes Schutzschild an ihre Brust. «Ein unangeleinter Hund», keuchte sie, «in einer Kirche – und dann noch einer, der aussieht wie –» Sie starrte Bimiak über den Rand der Bibel hinweg mit weit aufgerissenen Augen an.

«Keine Sorge, er ist zahm wie ein Lamm!» Paul kraulte Bimiak zwischen den Ohren.

«Was ist das überhaupt für eine Rasse?»

Allmählich ging Paul diese feindselige Angst auf die Nerven. «Na ja», sagte er mit breitem Grinsen, «eigentlich ist er ein Wolf.»

«Ein Wolf?!» Die Stimme der Alten überschlug sich. Sie hob die schwere Bibel hoch, als wollte sie sie jeden Moment auf ein Ungeheuer hinuntersausen lassen. «Das ist der Teufel selbst! Verschwinde, Satan, auf der Stelle!»

In Bimiaks Augen begann es zu glimmen. Ein wütendes Feuer, wie Paul es dort noch nie gesehen hatte. Mit raschem Griff packte er ihn am Nackenfell und zog ihn, so schnell es ging, hinaus. Auf der anderen Straßenseite war ein Park. Dort ließ Paul sich auf einer Bank nieder. Das fremde Glimmen in Bimiaks Augen war noch nicht erloschen. «Die Kirche können wir vergessen!», kam nach einer Weile eine wütende Stimme aus seinem linken Ohr. «Wo man Wölfe für Teufel hält, würde So sich keine Sekunde lang aufhalten.»

Gott sei Dank war der Empfang in Sankt Bonifaz wohltuend anders. Bimiak konnte zwar auch dort keine Geisterspur erschnüffeln, aber der dortige Pfarrer lud Paul – und zwar ausdrücklich mit dem Hund – zum nächsten Obdachlosenfrühstück ein. Was Paul allerdings dankend ablehnte.

Gegen zwölf Uhr saß Laura müde, hungrig und niedergeschlagen in der S-Bahn heimwärts. Mindestens fünf Kilometer war sie kreuz und quer durch die Straßen gelaufen, hatte mehrere Leute nach einem gelben Haus mit blauen Fensterläden gefragt …

Allein war das einfach nicht zu schaffen. Ob sie morgen die HUSKYS um Hilfe bitten sollte? Die Mädchen könnten sich das Gebiet genau aufteilen, jede würde ein paar Straßenzüge durchkämmen. Das wäre doch endlich mal was Sinnvolles! Viel sinnvoller, als Rachepläne gegen Alex auszuhecken.

Aber würden die überhaupt noch mit ihr reden, wo sie doch heute die Krisensitzung geschwänzt hatte? Und wie sollte sie denen überhaupt klarmachen, worum es ging? Ziemlich unmögliche Geschichte. Laura seufzte laut auf. Gleichzeitig begann ihr Magen zu knurren.

«Wie wär's mit gedünsteten Blockflötenherzen in grüner Gardinensoße und zum Nachtisch frische Glühbirnen in Mäusedreck?», wisperte es aus der Büchertasche.

Laura stutzte einen Moment, aber dann begriff sie. «Jetzt bist du wieder mal sehr traurig, So, stimmt's?»

Statt einer Antwort kam ein konkreter Vorschlag: «Du solltest deinen Bruder um Hilfe bitten. Oder vielleicht noch besser –», So schien einen Moment lang zu überlegen, «– wer war dieser andere Junge?»

«Er heißt Jan.»

«Seine Stimme klingt wie ein blondes Weizenfeld. Und sie erinnert mich merkwürdigerweise an Jette und Theo, vielleicht sogar an ihre Tochter Lia ...»

Auch Jan und Big gaben gegen zwölf Uhr ihre Suche vorläufig auf. Am Nordbahnhof hatten sie irgendwann Jans Mutter getroffen. Und mit ihr zusammen wagten sie es sogar, die Penner anzusprechen, die vor den Schließfächern auf dem Boden saßen. Auf Jans stotternde Frage hin reagierte zunächst niemand. Als Big dann den gesuchten Mann samt seinem Hund zu beschreiben begann, horchte zumindest einer in der Runde auf. «Du meinst wahrscheinlich Paul», meinte er, «aber das ist keiner von uns, verstehst du?»

Daraufhin beschlossen die beiden Jungen, nun doch noch die Gegend um die Sankt Marienkirche abzuklappern. Aber auch da wurden sie leider nicht fündig.

Vor dem Eingang zu Sankt Ursula blieb Bimiak plötzlich stehen. Mit aufgeregt zitternder Schnauze schnupperte er Zentimeter um Zentimeter die Pflastersteine ab. «Hast du etwa eine Spur?» Paul spürte plötzlich selbst ein leises Kribbeln in der Nase.

«Nur eine verdammt schwache Ahnung», lautete die zittrige Antwort aus dem linken Ohr. «Lass uns reingehen.»

Aber die Kirchentür war abgeschlossen.

Spurensuche auf eigene Schnauze und ein Besuch mit Büchertasche

Eigentlich war die ganze Familie Lehner am Nachmittag bei Nachbarn zum Kaffee eingeladen. Aber die Kinder wollten diesmal nicht mitkommen. Big murmelte, dass er mit Jan unbedingt noch mal in die Stadt müsste. Und Laura fielen schon beim Mittagessen vor Müdigkeit die Augen zu.

«So, bist du sehr traurig, wenn wir erst morgen weitersuchen?», fragte sie, als sie die Büchertasche auf ihrem Schreibtisch ablegte und ins Bett schlüpfte.

«Rabenstrumpfsuppe mit geraspeltem Backsteingemüse», lautete die Antwort. «Könnten wir wenigstens den Jungen mit der hellblonden Weizenfeld-Stimme heute noch einmal treffen? Am besten alleine.»

«Das könnten wir», murmelte Laura. Ihr Herz machte einen kleinen Hüpfer. Weit war's ja nicht bis zu Jan.

Als er die Heilig-Kreuz-Kapelle auch verschlossen vorfand, gab Paul die Suche für diesen Tag auf. Der Rheumatismus zwickte ihn in den Beinen wie mit glühenden Scheren. Also nichts wie heim in die warme Gartenhütte. Vor Sankt Ursula hatte zwar eine junge Frau gemeint, dass die Kirche normalerweise nachmittags ab drei Uhr wieder geöffnet sei – aber so lange konnte er beim besten Willen nicht mehr in der Kälte ausharren.

Normalerweise machte es Bimiak wolfswütend, wenn er

eine einmal aufgenommene Fährte nicht auf der Stelle bis zu ihrem Ausgangspunkt weiterverfolgen durfte. Und auch Fia seufzte laut auf, als Paul sie auf den nächsten Tag vertröstete. Da half es auch nicht, dass er hoch und heilig versprach, in aller Herrgottsfrühe aufzustehen.

Dennoch geleiteten die beiden Paul erst einmal fürsorglich nach Hause. Als er sich jedoch mit einem auf dem Herd gewärmten Backstein ins Bett gelegt hatte und sofort eingeschlafen war, wurde Bimiak unruhig. Auch in seinem linken Ohr herrschte helle Aufregung. «Sollen wir es auf eigene Schnauze nochmal versuchen?», fragte der Wolfshund. – «Ja – bitte!», lautete die dringliche Antwort.

Die Tür von Sankt Ursula stand sperrangelweit offen. Kein Mensch war zu sehen. Am linken Seitenaltar brannten ein paar Kerzen. Sie warfen einen flackernden Schein auf die goldverzierten Figuren an der Wand.

Bimiak schlich langsam mit gesenkter Schnauze durch den Mittelgang auf den Altar zu.

«Riechst du was?» Fias Stimme klang ganz piepsig vor Aufregung.

«Ja – aber nicht sehr deutlich.» Der Wolfshund war inzwischen vor dem Altar angelangt und wandte sich nach links. Seine Schnauze begann sich zu kräuseln.

«Was ist?», piepste Fia. «Wird's deutlicher?»

«Eine Ahnung von Zimt und Nelken ist da, auch ein Hauch Liebstöckel vielleicht –»

«Such weiter, Bimiak – ach, ich könnte dich umarmen!»

«So?», rief da plötzlich eine fröhliche Mädchenstimme über ihnen. «He, So, mein süßer Geisterbengel, bist du schon wieder zurück?»

Bimiak stand mit steil aufgerichtetem linkem Ohr wie erstarrt da. Auch Fia rührte sich nicht.

«Ich hab dich doch eben reden hören», fuhr die Stimme fort, «jetzt spiel doch nicht gleich wieder Verstecken. Komm erst mal zu mir, mein Schätzchen, mein Bauch knurrt vor Leere, seit du weg bist!»

«Wer ist das?», fragte eine unhörbar leise Stimme in Bimiaks Ohr. Sie klang nicht sonderlich begeistert.

Bimiak hob die Schnauze in die Höhe. Der Zimt-und-Nelken-Geruch ging eindeutig von oben, von dieser prallen, goldglitzernden Kinderfigur an der Wand aus. Und die Stimme offenbar auch.

«Ich bin nicht –», setzte Fia zu einer Antwort an.

Aber das Kind kam ihr mit seinem fröhlichen Plappern zuvor. «Heute hast du dir aber eine tolle Reisekutsche ausgesucht! Gut gepolstert, erster Klasse, oh, là, là! Ist was anderes als diese harten, unbequemen Handtaschen, was?» Das Kind kicherte leise glucksend vor sich hin. «Ein echter Wolf, wow! – Sag mal, stammt der etwa aus dem Land Lupuslazuli, von dem du mir so viel erzählt hast?»

Bei den letzten Sätzen richtete Bimiak sich zu voller Größe auf und begann – er konnte gar nicht anders –, zustimmend zu heulen. Endlich hatte ihn jemand auf Anhieb erkannt!

Und dann kam Fia endlich zu Wort. Zunächst stellte sie sich nur kurz angebunden vor.

«Fia?» Jetzt war das goldglitzernde Kind überhaupt nicht mehr zu bremsen. «Himmel, Höll und Wolkenfurz! Das ist ja absolut engelsgeil! Hurra, die Fia ist da! Mensch, Mädchen, wenn du wüsstest, mit was für einer herzzerreißenden Sehnsucht dein Brüderchen Tag und Nacht, Woche um Woche, Monat um Monat, Jahr um Jahr nach dir gesucht hat! Und ausgerechnet jetzt, verdammte Teufelskiste –»

«Wo ist er?», fragte Fia dazwischen. Aber es klang längst nicht mehr so streng. Immerhin schien So sie keineswegs vergessen zu haben. Trotz dieses rundbäckigen, dickbäuchigen, entsetzlich dummes Zeug plappernden Wesens an der Wand ...

«Ausgerechnet jetzt, genauer gesagt gestern Vormittag, hat er sich mal wieder auf Reisen begeben, und zwar für längere Zeit, wie er meinte.»

«Und wohin?»

In dem Moment ging hinten die Kirchentür auf. Ein älteres Ehepaar kam herein. Bimiak blickte sich kurz um. Auch das Kind schien die Besucher bemerkt zu haben. «Ich weiß es nicht», flüsterte es hastig, «es war ein Mann mit einem Koffer – ein Beleckticker oder so was Ähnliches. ‹Herr Leber› hat der Pfarrer ihn, glaube ich, genannt.»

«Danke!», flüsterte Fia. «Wie heißt du eigentlich?»

«Gabriele. Engel von Beruf», kam es in hastigem Telegrammstil von oben. «Wäre aber viel lieber ein Bengel wie So. Grüßt mir den Süßen. Und besucht mich bald. Alle zusammen!»

Das alte Ehepaar kniete mit gesenkten Köpfen vor dem Altar auf der anderen Seite. Sie merkten nicht, dass ein grauweißer Schatten in Windeseile durch die Reihen glitt und ins Freie verschwand.

Bimiak und Fia waren sich rasch einig, dass sie für die Suche nach diesem Beleckticker namens Leber – wer auch immer das sein mochte – Pauls Hilfe brauchten. Weil der Wolfshund jedoch draußen auf den Pflastersteinen wieder die schwache Duftspur in die Nase bekam, beschloss er, es erst einmal weiter auf eigene Schnauze zu versuchen. Schließlich wusste er nun, dass So gestern hier in einem Koffer herausgetragen worden war. Mal riechen, wohin die Spur führt!

Es war schon fast dunkel, als er sich auf den Weg machte. Aber Bimiak konnte ja mit der Schnauze sehen. Trotzdem wurde es die allerschwierigste Spurensuche seines Lebens. An zwei Straßenkreuzungen verlor er den winzigen Hauch von Zimt und Nelken, den er vorher gerade noch auf dem Asphalt hatte erahnen können, völlig aus der Nase. Glücklicherweise fand er ihn beide Male nach intensivem Herumschnüffeln wieder. Außerdem musste er immer wieder Menschen ausweichen. Schlimm genug, dass sie ihm gelegentlich laute Fluchwörter hinterherriefen. Aber dass jeder von ihnen mit seiner penetranten Geruchsfahne ein Stück weit die schwache Zimt-und-Nelken-Spur völlig zudeckte, war viel schlimmer.

Als Bimiak in eine mit knorrigen Bäumen bewachsene Allee einbog, war er der Verzweiflung nahe. Am ersten Stamm hatten mindestens fünf verschiedene Hunde-Rüden ihre protzigen Hier-bin-ich-der-Herr-Botschaften hinterlassen. Gleichzeitig roch es aus einem Küchenfenster verdammt verlockend nach Schweinebraten. Und dann breitete auch noch eine vorbeistolzierende Menschenfrau eine grauenhaft süße Duftwolke über dem Bürgersteig aus. Außerdem war sie in das Fell eines toten Tieres gehüllt. Das war auch so etwas, was Bimiak wolfswütend machte.

Er knurrte die Frau an und rannte dann blindlings weiter die Allee hinunter. Kurz vor einem besonders kräftigen Baum stoppte er plötzlich. Hier roch es ganz deutlich nach Zimt und Nelken! Und am dahinter liegenden Gartentor bekam er auch die zwei Prisen Liebstöckel in die Nase, vielleicht sogar einen Hauch Mädesüß und ein wenig wilde Pfefferminze!

In seinem linken Ohr kitzelte und knackte es wie verrückt. «Sei doch still, Fia!», brummte Bimiak.

Das Tor war nur angelehnt. Er stieß mit der Schnauze dagegen. Es quietschte laut. Im Haus war alles dunkel. Die Spur führte jedoch eindeutig dort hinein.

Aber gleichzeitig auch wieder hinaus und weiter! Verwirrt lief Bimiak auf dem Bürgersteig hin und her ...

Als Laura aufwachte, war es schon dunkel draußen. Sie hatte geträumt, dass jemand laut «Fia!» rief. Sie richtete sich im Bett auf. Ihre Büchertasche lag auf dem Schreibtisch am Fenster. «Fia – warte auf mich. Ich komme!», hörte sie Sos Stimme jetzt deutlich rufen.

«Träumst du?» Laura sprang aus dem Bett. «Oder was ist?»

«Ich weiß nicht – aber ich hatte das Gefühl, dass Fia ganz in der Nähe ist!», flüsterte So aufgeregt. «Schau doch mal aus dem Fenster, bitte!»

Aber draußen stand nur einsam und verlassen ihre Lieblingsplatane im Laternenlicht.

Es begann zu schneien, als Laura mit So in der Büchertasche den Platanenweg zu Jan hinunterstapfte. Diesen Gang hatte sie ihm ja vor dem Einschlafen versprochen – und sie hatte schon Versprechen gehalten, die ihr weitaus schwerer fielen.

«Hallo, Laura!» Jan schien sich ziemlich zu freuen, als er die Haustür öffnete.

«Hei, Jan!» Laura war froh, dass sie noch im Dunkeln draußen stand. Dann sah man hoffentlich nicht, dass sie rot wurde. Aber Jan wirkte im Flurlicht auch nicht gerade blass.

«Hast du Big noch getroffen?», fragte Jan, während er sie in sein Zimmer führte. «Wir waren bis eben unterwegs.»

Laura schüttelte den Kopf.

«Wir suchen nämlich –», begann Jan zu erklären, als sie ihm gegenüber auf seinem Schreibtischstuhl Platz genommen hatte. Er seufzte glücklich auf. Endlich konnte er auch Laura einweihen! Dann fiel sein Blick auf den Schulranzen, den sie auf dem Schoß fest umklammert hielt. «Wozu hast du denn den mitgebracht?»

Die prompte Antwort kam genau von dort. Sie klang zunächst wie sein eigenes Echo. «Wir suchen nämlich – Fia. Und zwar dringend. Und ich habe das geisterhaft deutliche Gefühl, dass du uns dabei helfen könntest. Ich bin übrigens So.»

Eine Weile herrschte Totenstille. Jan starrte den Ranzen an. «Fia und So», flüsterte er irgendwann leise wie im Traum.

«Das Geisterzwillingspaar, das bei Theo und Jette lebte», bestätigte die Stimme aus der Büchertasche.

«Bei Theo und Jette», wiederholte Jan träumerisch. «Und vor dreizehn und zwei Jahren passierte etwas Schreckliches.»

«So ging verloren.»

«Weil er sich in Tante Kittys Koffer versteckt hatte.»

«Genau.»

«Und seitdem sucht Fia verzweifelt nach ihrem Zwillingsbruder.»

«Und der Bruder sucht genauso verzweifelt nach ihr.»

Während dieses leisen Zwiegesprächs blickte Laura mit weit aufgerissenen Augen zwischen Jan und dem Ranzen hin und her. Woher weiß der das alles?

«Hat Jette es dir erzählt?», flüsterte So aufgeregt.

«Nein, Theo.»

«Ich hab's doch gleich geahnt.»

«Das gibt's doch nicht!» Jan fuhr sich mit der Hand über die Stirn. «Du bist wirklich So? – Und woher – und warum –?» Er sah Laura fragend an.

Da hatten die beiden sich nun so einiges zu erzählen. Auch So mischte sich mit gelegentlichen Kommentaren ein.

«Wenn ich das gewusst hätte!» Als Laura bestätigte, dass

sie ein Radio mit blauem Einmachgummi drum herum bei Paul auf dem Fensterbrett hatte stehen sehen, hielt es Jan nicht mehr auf seinem Sitz. «Seit Heiligabend kennst du den Typ, weißt, wo er wohnt und –», er lief wild gestikulierend im Zimmer herum, – «und sagst keinen Ton!»

«Na hör mal!», gab Laura empört zurück. «Ich hatte doch keine Ahnung.»

«Stimmt.» Jan senkte den Kopf. «Aber wenn du's wenigstens Big erzählt hättest, dann –»

«Dem schon gar nicht. Und du weißt genau, warum.»

«Ja – aber da tust du ihm Unrecht. Und ich bin mit dran schuld ...»

«Wenn ich das gewusst hätte!», rief nun auch Laura aus, als Jan ihr versicherte, dass Big den Vertrag dann doch noch eingehalten hatte.

Jan kaute auf seiner Unterlippe herum. «Ich glaub», murmelte er, «wir haben in letzter Zeit alle viel zu wenig miteinander geredet.»

«Aber damit ist jetzt Schluss. – Puhh!» Laura atmete befreit aus. Sie spürte, wie ihr eine ganze Wagenladung Steine vom Herzen fiel.

Und Jan ging es genauso.

Dann begannen sie, Pläne für den nächsten Tag zu schmieden. Als Jan vorschlug, Big einzuweihen und mitzunehmen, stimmte Laura freudestrahlend zu. Als er jedoch darauf bestand, dass sie ihn als Erstes gleich morgens zu Pauls Hütte und damit zu dem Radio führen sollte, schüttelte sie entschieden den Kopf. «Erst solltest du So und mich ins Haus deines Großvaters, also zu Fia bringen», widersprach sie. «Dass die beiden endlich wieder zusammenkommen, ist doch am allerwichtigsten.» Sie schaute ihre Büchertasche eindringlich an. «Stimmt's, So?»

Aber der Geisterjunge reagierte anders als erwartet.

«Nach allem, was Jan erzählt hat, glaube ich nicht, dass Fia in dem Haus geblieben ist.»

«Wieso?» Laura fuhr sich mit dem Zeigefinger die Stirn auf und ab.

Jan nickte nachdenklich. «Kann ich mir auch nicht vorstellen. Sie wäre da ja verdammt alleine.» Dann schob er sich mit der Hand die Lockensträhnen aus der Stirn. Ziemlich verrückte Geschichte! Da gab es die Geisterzwillinge also wirklich und nicht nur in Großvaters Kopf! Erzählt hat er das ja immer so ...

«Und wo könnte Fia sonst stecken?», unterbrach Laura seine Gedanken.

«Wart's ab», lautete die knappe Antwort aus dem Ranzen.

Als Laura gegangen war, stürzte Jan sofort ans Telefon. «Hallo, Opa, wie geht's dir?», redete er fröhlich drauflos, kaum dass der Großvater sich mit leiser Stimme gemeldet hatte. «Besser? Prima. – Hör mal, ich bring dir morgen das Radio – und stell dir vor, So ist wieder aufgetaucht!»

«So? – So ist wieder aufgetaucht? – Sag bloß?! – Das ist ja –» Großvaters Stimme klang, als würde er von Wort zu Wort gesünder und kräftiger werden. «Das ist ja wunderbar. Wo, wie –?»

In dem Moment hörte Jan seine Mutter zur Haustür hereinkommen. «Erzähle ich dir morgen!», flüsterte er. «Aber sag mir nur noch schnell eins: Wo finde ich Fia?»

«Das weißt du nicht? Na –» Großvaters Antwort war einfach unglaublich. Unglaublich verrückt und unglaublich einleuchtend zugleich.

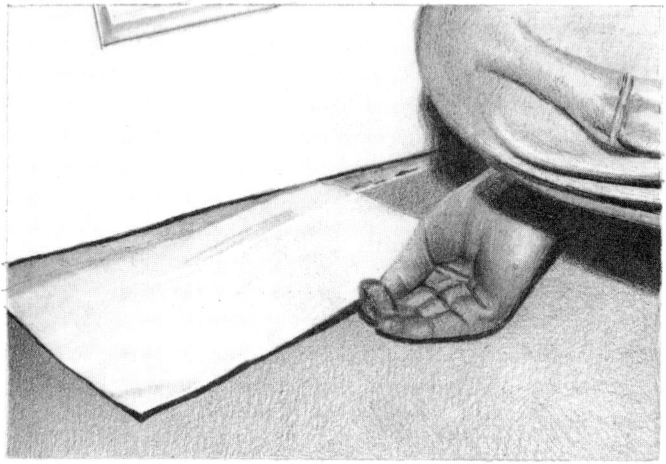

Nachtgeschichten vom Verlieren und Wiederfinden

Als Paul aufwachte, war es stockfinster. Draußen herrschte dichtes Schneetreiben. Bimiak lag in tiefem Schlaf versunken auf seiner Decke am Fenster. Als Paul jedoch mit den Töpfen hantierte, um Abendbrot zu kochen, hob der Wolfshund die Schnauze. Kurz darauf stand er neben Paul und hielt ihm auffordernd das linke Ohr hin.

Die Kopfbewegung kannte Paul inzwischen. Sie bedeutete, dass er jetzt selbst die Ohren zu spitzen hatte.

«Seid ihr also schon wieder ausgerissen!» Als Fia zu erzählen anfing, musste Paul sich erst einmal hinsetzen. Über den Engel namens Gabriele amüsierte er sich dann köstlich, und beim Stichwort «Beleckticker» prustete er laut los.

«Wo der wohnt, haben wir wahrscheinlich auch schon herausgefunden», fuhr das Geistermädchen eifrig fort. «Du musst morgen nur noch an der Tür klingeln und nach So fragen.»

«Alle Achtung, Bimiak!» Nach dem zweiten Teil des Berichts klopfte Paul seinem Wolfshund anerkennend die Flanken. «Könntest ein erstklassiger Polizeihund werden! – Aber keine Sorge», fügte er hinzu, weil Bimiak leise zu knurren anfing, «ich geb dich sowieso nie mehr her.»

Nach dem Abendessen verkroch sich Paul bald wieder ins Bett. Schließlich hatte er versprochen, morgen in aller

Herrgottsfrühe aufzustehen. – Belecksticker! Als er sich ausgestreckt hatte, kicherte er noch einmal leise in sich hinein. Wahrscheinlich meint dieser Engel namens Gabriele – Aber bevor das richtige Wort in seinem Kopf auftauchte, war er schon eingeschlafen.

In Bimiaks linkem Ohr herrschte jedoch hellste Aufregung. «Meinst du, dass wir ihn morgen wirklich finden?» Fias Stimme zitterte so, dass der Wolfshund das Kitzeln kaum aushielt.

«Ich hoffe es. Was zusammengehört, kann man nicht für ewig trennen», versuchte Bimiak sie zu beruhigen. «Erinnerst du dich an die uralte Geschichte von der Wolfsgöttin Luba und was aus ihrer Sippe wurde?»

«Nein. Erzähl!»

«Gerne.» Bimiak streckte sich auf der Wolldecke unter dem Fenster aus. «Es war eine der Lieblingsgeschichten meiner Großmutter. Also pass auf –»

Selbst wenn Paul wach gewesen wäre, hätte er nur gehört, wie der Wind draußen den Schnee leise pfeifend durch die Luft wirbelte. Fia jedoch vernahm jedes Wort so deutlich, als würde Bimiak mit den Ohren reden. Und sie unterbrach ihn nur durch gelegentliches Seufzen.

«Einst, unendlich lange vor der Lupuslazuli-Zeit, gab es eine Ewigkeit lang nur die Mondin am Himmel. Am Tag schien sie ähnlich hell wie die Sonne später, nur war es ein sehr viel sanfteres Licht. Nachts verdunkelte sie ihre Strahlen, damit auch die Sterne ihre Pracht zeigen konnten. Aber die Erde war wüst und leer. Es gab also niemanden, der dieses ewige Schauspiel hätte bewundern können.

Irgendwann löste sich eine schimmernde Gestalt aus der

Mondin und sank in die Tiefe. Das war die Geburt der Wolfsgöttin Luba und der Anfang allen Lebens auf Erden. Die Wölfin hatte zwei mal dreizehn Zitzen, aus denen Tag und Nacht genügend Milch und Honig floss. Davon ernährte sie sich selbst und ihre Kinder. Und die Kinder ernährten wiederum ihre Kinder auf diese Weise. Sonst brauchten sie nichts, um rund und ganz und glücklich zu sein.

Rund und ganz und glücklich lebten diese göttlichen Wolfswesen vor allem deshalb, weil sie weiblich und männlich zugleich waren. Es gab nichts, wonach sie in verzehrender Sehnsucht suchen, und niemanden, von dem sie sich in heißem Zorn trennen mussten. Jedes Wesen war sich selbst genug – und darum auch unerhört stark.

Das ging unendlich viele Ewigkeiten so. Aber dann löste sich wieder einmal eine schimmernde Gestalt aus der Mondin. Das war die Geburt des Sonnensohns. Der wollte jedoch nicht in die Tiefe sinken, sondern krallte sich mit aller Kraft am Himmel fest. Kurz darauf erklärte er sich zum Alleinherrscher und verlangte, dass ihn alle Welten, Wesen und Gestirne als Gott verehren sollten. Als seine Mutter, die Mondin, sich weigerte, das zu tun, vertrieb er sie mit seinen sengenden Strahlen hinter den Horizont. Seitdem wagt sich das wunderbare Gestirn nur noch nachts hervor, wenn der Sohn schläft. Aber lediglich alle vier Wochen, wenn er besonders tief schläft, zeigt sie sich noch in ihrer vollen Größe.

Luba und ihren Kindern behagte dieses neue, grell sengende Tageslicht überhaupt nicht. Sobald es sich aus seinem Bett am Horizont erhob, begann deshalb auf Erden ein wütendes Knurren, Bellen und Heulen. Das missfiel dem Sonnengott natürlich gewaltig. Wenn ihn schon seine Mutter nicht als allein herrschenden Gott verehren mochte, so sollten es zumindest diese Fell tragenden Erdlinge tun! Aber die dachten gar nicht daran. Sie waren immer noch rund und ganz und glücklich und jedes sich selbst genug. Und darum waren sie auch immer noch unerhört stark.

Diese Stärke der Erdbewohner machte den jungen Sonnengott rasend vor Wut. Eines sengenden Tages schleuderte er deshalb ein Bündel mächtiger Blitze auf sie hinunter. Die schnitten jedes der göttlich-ganzen Wolfswesen in zwei Hälften und verstreuten die Teile weit über den ganzen Erdball.

Seitdem, und das war der Beginn der Lupuslazuli-Zeit, ist die Unvollkommenheit und die Sehnsucht auf der Welt. Seitdem sucht jedes Tier und jeder Mensch nach der zu ihm passenden anderen Hälfte, um wieder ganz und rund und stark zu sein. Seitdem gibt es Ich und Du, Mann und Frau, Liebe und Hass, Verlieren und Wiederfinden.»

Fia seufzte laut auf, als Bimiak geendet hatte. «Mir ist so, als hätte ich vor ewig langer Zeit eine ganz ähnliche Geschichte gehört. Da ging es um Sofia, die Ahnfrau aller Geister. Die und ihre Kinder soll so ein geistloser Gott auch irgendwann in zwei Stücke geschnitten und über die ganze Erde verstreut haben. Und manche von ihnen sind sich dann auch erst in Lupuslazuli wieder begegnet. – Eine traurige Geschichte.»

«So traurig finde ich das gar nicht», murmelte Bimiak, während er die Schnauze zwischen den Pfoten zum Schlafen zurechtlegte. «Wenn zwei sich verlieren und wieder finden, kann das viel spannender sein, als wenn sie ständig aneinander kleben.»

«Vielleicht haben So und ich darum immer so gerne Verstecken gespielt?», überlegte Fia.

Als Laura aus Jans Haustür trat, lag ihr der Platanenweg wie ein dicker weicher Teppich zu Füßen. Über den schwebte sie so leicht wie die ringsum tanzenden Schneeflocken nach Hause.

In Bigs Zimmer brannte Licht. Wenn du wüsstest, Brüderchen! Sie konnte es kaum noch erwarten. Als sie gerade die Treppe hinauflaufen wollte, wurde die Wohnzimmertür aufgerissen. Auweia!, dachte sie, jetzt gibt's Ärger!

«Warum hast du nicht wenigstens einen Zettel hingelegt?», schimpfte Mutter los, als Laura ziemlich stotternd gestand, wo sie gewesen war.

«Ich wollte nicht – dass Big ihn findet.»

«So, jetzt reicht's mir!» Vater schlug mit der Faust auf den Tisch.

Daraufhin ließ Laura erst einmal ihren Ranzen vorsichtig zu Boden gleiten.

«Seit Tagen muffelt ihr beide euch nur noch an – das ist doch nicht auszuhalten!», brüllte der Vater weiter.

«Was ist bloß los?» Mutter legte den Arm um Laura. «Arne hat sich schon wieder in sein Zimmer verzogen und das Bitte-nicht-stören-Schild an die Tür gehängt.»

«Spätestens morgen –», begann Laura.

«– gibt's eine Familienkonferenz!», ergänzte Vater.

«Nicht mehr nötig, Paps», Laura lächelte ihn an, «da bin ich ziemlich sicher. Und dann erzählen wir euch auch alles, Ehrenwort.»

Zwischen den Geschwistern gab es noch ein anderes Ehrenwort. Nämlich, daß das Bitte-nicht-stören-Schild auf jeden Fall ernst zu nehmen war. Darum schob Laura vor dem Schlafengehen nur einen Zettel unter Bigs Tür durch. An der Formulierung hatte sie lange herumgetüftelt. Sie wollte nicht zu viel aber auch nicht zu wenig verraten. Schließlich schrieb sie: «Wenn du morgen früh um acht Uhr mitkommst, löse ich mein Versprechen ein. Stichwort ‹Wolfsheulen›.»

Diesmal legte Laura den Ranzen neben sich aufs Kopfkissen. «Ich bin total aufgeregt!», begann So zu flüstern, kaum dass sie sich ausgestreckt hatte. «Wenn wir Fia morgen hoffentlich finden – kannst du dir vorstellen, was das für ein Gefühl ist?»

«Ja!» Laura kuschelte sich tiefer in die Kissen. «Seit heute Abend kann ich's mir wieder vorstellen.» Eine Flut von Erinnerungen stieg wie eine allzu lang angestaute Welle in ihr hoch. Alle Spiele fielen ihr wieder ein, die sie mit Biggie zusammen gespielt hatte, aller Blödsinn, alles gemeinsame Lachen und Traurigsein. Zum Schluss tauchte, wie eine Schaumkrone auf der Flut, der gemeinsame Zukunftstraum auf. Die Forschungsexpedition auf der Spur der Wölfe. Aber – Laura setzte sich jäh im Bett auf, am liebsten wäre sie jetzt doch noch ins Nebenzimmer hinübergelaufen: Das ist jetzt gar kein ferner Traum mehr. Damit können wir gleich morgen anfangen!

Sie sah sich mit dem Bruder vor Bimiak stehen. Die Augen des Wolfshunds wanderten zwischen ihnen hin und her. «Sieht er nicht genau wie Bernstein aus?», fragte Laura und fasste nach Biggies Hand ...

Wenn nur schon morgen wäre!

Verdammter Streit! Laura ballte die Fäuste. Wenn's den nicht gegeben hätte, wären wir bestimmt gleich am Geburtstagsmorgen gemeinsam mit dem Schlitten losgezogen, hätten gemeinsam das Heulen gehört und gemeinsam Bimiak entdeckt.

«Verdammter Streit!», kam da ein leises Echo aus dem

Ranzen. «Muss manchmal sein. Kann aber auch viel kaputtmachen.»

Laura erschrak im ersten Moment. Sie hatte vergessen, dass So Gedanken lesen konnte. Aber dann wurde sie neugierig. «Gibt's so was bei euch Geistern auch?», wollte sie wissen.

«Manchmal, ja. Am schlimmsten war es, als die aufrecht gehenden Zweibeiner im Land Lupuslazuli auftauchten.»

«Die aufrecht gehenden Zweibeiner?»

«Na, die Menschen. Erst haben sie alle Wölfe zu Teufeln erklärt und viele von ihnen getötet. Dann versuchten sie dasselbe mit uns Geistern. Weil sie uns aber nicht umbringen konnten, haben sie uns umso mehr verteufelt. Daraufhin beschlossen einige von uns auszuwandern. Andere wollten genau das Gegenteil tun, nämlich in die Behausungen der Zweibeiner ziehen und versuchen, sie zu bekehren, also zu begeistern.»

«Be-geistern!», wiederholte Laura. «Jetzt verstehe ich das Wort erst richtig.»

«Ja – aber wir haben uns in Lupuslazuli erst mal total geistlos gestritten, haben uns gegenseitig ‹Feiglinge›, ‹Zweibein-Arschkriecher› und Schlimmeres genannt. Am schlimmsten war, dass der Streit sogar Zwillinge für immer auseinander gerissen hat.»

«Aber Fia und du –»

«Wir waren uns glücklicherweise einig und zogen gemeinsam zu den Menschen. Tausende von Jahren haben wir dann abwechselnd in Höhlen, Hütten, Zelten oder Palästen und später in Fachwerk-, Holz- oder Hochhäusern, Villen oder Mietskasernen mit ihnen zusammengelebt – und haben dabei aufregende, wunderbare und schreckliche Erfahrungen gemacht. Aber das ist eine eigene Geschichte.»

«Und wann seid ihr zu Jans Großeltern gezogen?»

«Vor dreizehn und fünf Jahren.»

«Dann wart ihr», Laura überlegte einen Moment, «da nur noch drei Jahre zusammen?»

«Ja, leider.»

«Warum zählt ihr eigentlich immer alles nach der Zahl dreizehn?», wollte Laura dann noch wissen.

«Das ist eine uralte Geschichte. An die erinnere ich mich nur noch sehr dunkel.» Ein lautes Gähnen kam aus der Büchertasche. «Sie stammt jedenfalls aus einer Zeit lange vor Lupuslazuli. Irgendwie hängt sie mit den dreizehn Mond-Monaten eines Jahres zusammen. Und die Mondin ist, so erzählt man es sich bei uns, die Mutter aller Geister – und übrigens auch aller Wölfe. – Wenn ich erst wieder mit Fia zusammen bin, werde ich mich bestimmt genauer erinnern können. Und dann erzählen wir sie dir, wenn du magst.»

Während des letzten Satzes richtete Laura sich jäh im Bett auf. «Das heißt, dass ihr mich besuchen kommt?»

«Klar. Zusammen können wir doch in Sekundenschnelle überallhin fliegen.»

«Dann ist es gut.» Laura kuschelte sich in die Kissen und gähnte laut. Sie wollte gerade die Augen zumachen, als ihr die merkwürdige Andeutung wieder einfiel, die So vorhin bei Jan gemacht hatte. «Sag mal», flüsterte sie, «wo glaubst du eigentlich, wo wir Fia morgen finden?»

«Ich hab da so meine Ahnungen. Mein Schwesterherz hat nun mal eine besondere Vorliebe für alle technischen Geräte der Menschen.»

«Sag bloß –»

«Dann wäre auch klar, was Theo mit dem ‹kostbaren Inhalt› gemeint hat.»

«Sag bloß, du meinst –!!»

«Und wenn dann auch noch ein echter Wolfshund mit von der Partie ist, der vermutlich Geister riechen kann –»

«Das gibt's doch nicht!» Jetzt war Laura wieder hellwach.

«Klar gibt's das. Wart's ab.»

Begeistertes Gewisper in der Wintersonnenluft

Als Laura am nächsten Morgen gegen halb sieben Uhr ins Badezimmer schlich, hing das Bitte-nicht-stören-Schild immer noch an Bigs Tür. Als sie zurückkam, war es weg. Vorsichtig drückte sie auf die Klinke und streckte ihren Kopf hinein. Der Bruder saß im Bett und las. Es war das Buch über den «Weißen Wolf». Lauras Zettel vom Vorabend lag auf dem Fußboden.

«Ach, du bist's.» Bigs erste Reaktion klang nicht sonderlich freundlich. Ohne den Blick vom Buch zu heben, schob er jedoch sein zweites Kopfkissen in Richtung Fußende. Das war eine eindeutige Aufforderung. Laura hob die Bettdecke hoch und setzte sich – wie früher so oft – ihm gegenüber.

«Das hatte ich schon fast vergessen», murmelte Big, ohne aufzublicken. «‹Einmal beobachtete ich›», begann er dann laut vorzulesen, «‹wie eines der Jungen, das bei einer längeren Wanderung dem Rudel nicht folgen konnte und schon mehr als vierhundert Meter weit hinterhertrottete, ein großes Geheul erhob, in das bald die anderen mit einstimmten und zurückkamen, um den Nachzügler zu holen.› – Schau mal, ist das Mom?», fragte er dann unvermittelt, legte das Buch flach aufs Bett und deutete auf ein Foto.

Laura reckte den Hals. «Kann's nicht genau sehen. Ich komm mal zu dir rüber, ja?»

«Ich glaub, das ist Lone Ranger», erklärte Laura so sachlich wie möglich, als sie neben dem Bruder saß. Sein Oberarm, den sie einen Moment lang mit der Schulter berührte, war wunderbar warm. – Das Tier auf dem Foto reckte gerade die Glieder in der Morgensonne. «Schau, der hat doch diesen schwarzen Fleck auf der Schnauze.» Laura blätterte eifrig ein paar Seiten zurück. «Hier auf dem Bild kannst du's deutlicher erkennen.»

«Aber das ist Mom!» Big zeigte auf ein anderes Bild.

«Eindeutig!» Laura nickte. «So ein seidenweiches Fell hat nur sie. Sieht aus wie frisch gekämmt.»

So ging das, während die beiden abwechselnd in dem Buch blätterten, noch eine Weile weiter. Das erste Gespräch über Wölfe seit mindestens einer Woche. Ganz sachlich, jedenfalls scheinbar ...

Irgendwann wanderte Bigs Blick zu dem Zettel auf dem Fußboden. «Ich hab übrigens neulich», fing er an und musste sich räuspern, «einen Hund in der Stadt getroffen, der wie ein Wolf geheult hat.»

«Sag bloß! Und wie sah der aus?»

«Jetzt bist du erst mal mit dem Erzählen dran!»

Als Jan die beiden um Punkt acht Uhr abholen kam, kannte Big zumindest den Teil der Geschichte, der sich um Paul, Bimiak und das Radio drehte. Und es war klar, dass die Zwillinge, getrennt voneinander, denselben Wolfshund hatten heulen hören.

Über Nacht war viel Neuschnee gefallen, der jetzt in der Wintersonne glitzerte. Weil Jan seinen Schlitten mitgenommen hatte, beschlossen die Geschwister, das Gleiche zu tun. «Und warum schleppst du den Ranzen mit?», fragte Big, als sie aus der Tür gingen. «Das erfährst du spätestens, wenn wir bei Paul sind», raunte die Schwester und zwinkerte dabei Jan verschwörerisch zu.

«Immer diese Geheimnistuerei!» Big trottete hinter den beiden den Bürgersteig entlang. Dass Laura nicht mehr die beleidigte Leberwurst spielte, war ja gut und schön. Aber die dieses Gezwinker und Getuschel zwischen Jan und der Schwester ging ihm auf den Geist. Und überhaupt diese ganze Aktion! Big zerrte seinen Schlitten wie einen störrischen Hund über eine Schneewehe. Bis tief in die Nacht hatte er einen schlauen Plan nach dem anderen entwickelt, wie er heute mit Jan endlich den Penner samt Radio ausfindig machen könnte. Und jetzt war das alles ohne sein Zutun längst gelaufen! «Du weißt, dass wir wissen –?» Mit diesem Satz hatte Jan ihn vorhin begrüßt und dabei eigentlich nur Laura angehimmelt. Nicht auszuhalten, wie die zwei vor seiner Nase dauernd miteinander tuschelten!

«Weißt du, wer in dem Radio steckt?», flüsterte Laura aufgeregt.

«Ja. Das wollte ich dich auch gerade fragen!» Jan schob sein Stirnband höher. «Mir hat's mein Großvater am Telefon erzählt. Und dir?»

Laura deutete mit dem Daumen über ihre Schulter in Richtung Büchertasche. «Er kennt die Vorlieben seiner Schwester. – Übrigens ist er schon total aufgeregt.»

«Kann ich mir vorstellen.»

Paul wälzte sich tatsächlich um halb acht Uhr ächzend und stöhnend aus dem Bett. Versprochen ist versprochen. Und bereits vierzig Minuten später machten sie sich auf den Weg. Fias Gegenwart war schon deshalb unübersehbar, weil Bimiaks linkes Ohr ständig zuckte und zitterte.

Paul trug das Radio unter dem Arm. «Wenn wir So gefunden haben», hatte Fia ihm beim Frühstück gedolmetscht, «wird Bimiak dir auch noch helfen, diesen Jan, also den Enkelsohn des Besitzers, zu finden.» Schade um das schöne Gerät!, dachte Paul. Aber seit er wusste, wem es gehörte, wollte er es auf keinen Fall mehr behalten.

Als die Kinder mit ihren Schlitten bei den ersten Schrebergärten unterhalb des Höllbuckels angelangt waren, drehte sich Laura nach dem immer noch hinter ihnen hertrottenden Big um. «Paul ist manchmal ein bisschen brummig», begann sie ihn vorzubereiten, «aber eigentlich ist er ein prima Kerl, wirst sehen.»

«Trotzdem ist er für mich nichts weiter als ein Dieb», knurrte Big. Wisst ihr jetzt eigentlich, was in dem Radio Kostbares drin war?, wollte er fragen. Aber da näherten sich von hinten lautes Bellen und Rufen.

«Hei, Oliver!» Big erkannte als Erster, wer es war.

«Hallo. Bist du zurück?» Jan begrüßte den Freund ziemlich kühl.

«Steeeh!», rief Oliver seinen Hunden zu. Aber nur Rick hielt laut hechelnd an. Fannie hingegen lief sofort heftig schwanzwedelnd auf Laura zu. Das hatte sie noch nie getan. Winselnd und schnüffelnd sprang sie an ihr hoch und hätte die Schnauze, wie's aussah, am liebsten in ihren Ranzen gesteckt.

«Hei, Laura, hast du ein Wurstbrot da drin?», fragte Oliver.

Laura schüttelte den Kopf. Dann fuhr sie der aufgeregten Fannie nachdenklich übers sandfarbene Fell. «Sag bloß, du kannst Geister riechen?», raunte sie ihr ins Ohr.

Währenddessen wandte Oliver sich an Jan. «Und das Radio?», fragte er leise.

«Wir holen es gerade ab.» Big war mit der lauten Antwort schneller als Jan.

«Wo? – Wie?» Oliver blickte mit großen Augen zwischen den beiden hin und her.

«Komm doch einfach mit!» Big hatte offensichtlich zu seinen alten Anführereigenschaften zurückgefunden, schlug Oliver auf die Schulter und stapfte als Erster los. «Das ist vielleicht eine irre Story, sag ich dir!»

Sie zogen mit den Hunden und Schlitten den Höllbuckel hinauf. Big tat es sichtlich gut, Oliver etwas zu erzählen, was er selbst gerade erst erfahren hatte.

Jan und Laura ließen ihn reden und vorausgehen. Sie waren mit etwas ganz anderem beschäftigt. In ein paar Minuten würden sie in der Gartenhütte sein. Was würde dann passieren? Und vor allem: wie? Dass zwei getrennte Zwillingsgeister nach fünfzehn Jahren wieder zusammenfinden, erlebt man schließlich nicht alle Tage.

Auf halber Höhe blieb Jan stehen und warf einen scheuen Blick auf Lauras Ranzen. «Ob das klar ist, dass die beiden als Erstes unbedingt zu Großvater ins Nordwestkrankenhaus fliegen müssen?», fragte er leise.

«Das ist völlig klar», kam die prompte Antwort aus der Tasche. «Geht weiter, macht schnell!»

«Zimmer Nummer 18», fügte Jan zur Sicherheit noch hinzu. Aber im selben Moment packte Laura ihn aufgeregt am Ärmel. «Schau mal, wer da oben steht!»

Ein paar Schritte vor der Kuppe des Höllbuckels rührte sich Bimiak plötzlich nicht mehr von der Stelle. Er sah todtraurig aus. «Was ist?», fragte Paul. Eine Zeit lang stand der Wolfshund mit gesenktem Kopf da und schien in sich hineinzuhorchen. Dann ging er langsam aber sichtlich erleichtert weiter. «Ich musste ihm erst hoch und geisterheilig versprechen, dass So und ich euch bald wieder besuchen kommen», lautete die Erklärung aus seinem linken Ohr. «Ich dachte, das wäre sowieso klar. Schließlich können wir gemeinsam in Sekundenschnelle überallhin fliegen.»

«Ein gutes Versprechen!» Paul klopfte Bimiak anerkennend auf die Flanken. «Wird ja doch verdammt einsam sonst. Außerdem wird uns die Dolmetscherin fehlen.» Er war auf der Kuppe des Höllbuckels angelangt. Vier Kinder und zwei Huskys kamen ihm den Weg herauf entgegen. Sie zogen Schlitten hinter sich her.

«Da haben wir ihn ja – den Radiodieb!» Ein Junge mit rotem Borstenhaar rannte plötzlich auf ihn zu.

Paul meinte zwar, ihn irgendwoher zu kennen. Trotzdem hatte er sich die Übergabe ganz anders vorgestellt. Radiodieb! Er biss sich auf die Lippen. Bimiak knurrte drohend. Die Huskys, die ein paar Schritte weiter unten angehalten hatten, begannen, wie wild zu bellen.

«Ruuuhig!», rief ein kleiner Junge mit roter Pudelmütze und zerrte an den Leinen.

Jetzt hatte der Rothaarige das Radio unter Pauls linkem Arm entdeckt und streckte die Hand danach aus. «He, Jan!», rief er gleichzeitig über die Schulter hinweg. «Schau mal, was wir da haben!» Aber der Gerufene, ein langer Blondschopf, stand schon neben ihm. «Vorsicht!!», brüllte er den Rothaarigen an. «Finger weg!»

«Seid doch nicht so laut!», hörte Paul eine vertraute Stimme eindringlich flüstern. Aufatmend sah er, dass Laura sich zwischen den Jungen hindurchschob. Sie nahm einen Schulranzen vom Rücken und umschlang ihn mit den Armen.

Bimiak spürte, dass seinem Herrn jetzt, wo dieses vertraute Mädchen aufgetaucht war, keine Gefahr mehr drohte. Trotzdem konnte er nicht aufatmen. Im Gegenteil. Er war völlig verwirrt. Zunächst lief er instinktiv ein paar Schritte auf die beiden Hunde zu. Dann blieb er abrupt stehen und drehte sich mehrmals mit glasigen Augen und vorgestreckter Schnauze im Kreis. Was für ein Hexenkessel an

Gerüchen! Von der Hündin wehte es unwiderstehlich stark und verlockend herüber. Dahinein mischten sich die Ausdünstungen der aufgeregten Kinder.

Aber da war doch noch etwas? Bimiak wandte sich wieder der Menschengruppe zu. Wenn die Hündin mit ihrem unwiderstehlich starken Geruch nur nicht alles andere überdecken würde! Trotzdem ging auch von dem Mädchen, zu dem er sich von Anfang an so besonders hingezogen gefühlt hatte, ein verdammt aufregender Duft aus. – Ihr eigener ist das nicht. – Das kann doch nicht sein! – Wieso riecht es jetzt hier nach –?

Bimiak war hin und her gerissen, aber er zwang sich, mit gesenkter Schnauze langsam zu der Menschengruppe zurückzukehren. «Warum gibt Paul denen nicht einfach das Radio, damit wir schnell zu diesem Beleckticker weitergehen können?», flüsterte Fia in diesem Moment ungeduldig in seinem Ohr. Bimiak antwortete nicht. Er hatte jetzt eindeutig eine Spur Zimt und Nelken in die Nase bekommen.

«Du bist also Jan, der Enkelsohn von Theo? Dann gehört das dir.» In dem Moment, als Paul dem Blondschopf das Radio hinüberreichte, passierte etwas Merkwürdiges.

«Jetzt!», flüsterte Laura. Sie öffnete ihre Büchertasche und hielt sie dicht an das Gerät.

«Fia?», fragte da eine aufgeregte Kinderstimme. «Wo bist du?»

Paul stand mit offenem Mund da. Die Stimme schien aus der Büchertasche zu kommen.

Einen Moment lang herrschte angespannte Stille.

«Ist Fia nicht im Radio?» Jan sah Paul entsetzt an. Auch Lauras Augen waren riesengroß fragend auf ihn gerichtet.

«Nein – aber woher wisst ihr –», stotterte Paul, «sie ist –» Er sah sich suchend um.

Im selben Moment sprang Bimiak mit einem großen Satz auf die geöffnete Tasche zu. Er hob noch einmal kurz schnüffelnd die Schnauze, dann legte er den Kopf schief, als würde er mit dem linken Ohr dort drinnen etwas Aufregendes hören.

Einen Atemzug später stieg ein begeistertes Gewisper in die Wintersonnenluft, drehte sich oben ein paar Mal entzückt zwitschernd im Kreis und flog dann schneller als ein Vogel davon.

Lange Zeit standen Laura, Jan, Paul und Bimiak mit weit in den Nacken gelegten Köpfen regungslos da.

Big hatte sich während der letzten Minuten kopfschüttelnd zu Oliver gesellt, der die Hunde etwas abseits ruhig zu halten versuchte. «Sagt mal – seid ihr alle miteinander geistesgestört?», rief er schließlich zu der immer noch reglos dastehenden Gruppe hinüber.

«Geistesgestört?» Laura löste sich als Erste aus der Erstarrung und lachte laut los. «Warum eigentlich nicht? Kann schon sein, Biggie!»

«Häh?», machte Big und tippte sich an die Stirn. Gleichzeitig wurde es ihm jedoch ganz warm in der Magengegend. Laura hatte ihn seit einer Woche zum ersten Mal wieder Biggie genannt.

Jan verabschiedete sich als Erster. Schließlich wollte er das Radio jetzt so schnell wie möglich seinem Großvater bringen.

«Meinst du eigentlich, dass er das überhaupt noch braucht?», flüsterte Laura ihm leise zu. «Wahrscheinlich wollte er doch vor allem Fia zurückhaben.»

«Ich werde ihn fragen», flüsterte Jan zurück.

Laura warf einen kurzen Seitenblick zu Paul hinüber. «Ich wüsste sonst jemanden, der bestimmt begeistert wäre, wenn man es ihm schenkt.»

Jan nickte. «Be-geistert», wiederholte er, «was ein irres Wort.»

«Finde ich auch!» Laura strahlte ihn an. Als er mit dem Radio unter dem Arm loszog, sah sie ihm noch lange hinterher.

Paul stand währenddessen mit Big und Oliver bei den Hunden, die nun endlich Zeit und Ruhe hatten, sich ausführlich zu beschnüffeln.

Big hatte nur Augen für diesen wunderbaren Wolfshund. Und so etwas lebt in unserer Stadt, dachte er. Manchmal liegen die Abenteuer viel näher, als man denkt.

Kurz darauf saßen die Zwillinge bei Paul in der Gartenhütte. Schließlich gab es etwas zu feiern und noch viel mehr zu erzählen. Oliver hatte sie noch bis zur Hütte begleitet und eine Zeit lang zugesehen, wie Fannie und Rick mit Bimiak im Garten herumtobten. «Komm doch mal wieder vorbei», sagte Paul zum Abschied zu ihm, «ich glaube, unsere Hunde haben sich angefreundet.»

Als sich Laura und Big schließlich auf den Heimweg machten, versprachen auch sie, Paul bald wieder zu besuchen. Bimiak begleitete sie noch bis zum Gartentor. Dort stellte er sich auf die Hinterbeine und legte die Vorderpfoten auf die obere Latte.

Die Geschwister standen ihm draußen auf dem Weg gegenüber. Die Augen des Wolfshunds wanderten zwischen ihnen hin und her. «Sieht er nicht genau wie Bernstein aus?», fragte Laura und fasste nach Biggies Hand.

Oben auf dem Höllbuckel banden sie ihre Schlitten aneinander und sausten juchzend heimwärts.

Bücher zum Thema «Wolf»:

Heike Carl: Die Wölfe kehren zurück. Erika Klopp Verlag, München 1994

Käthe Recheis: Wolfssaga. Verlag Herder & Co., Wien 1994

Ruth Craig: Malus Wolf. Carlsen Verlag, Hamburg 1996

Gabriele Beyerlein: Die Höhle der weißen Wölfin. Cecilie Dressler Verlag, Hamburg 1996

Margit Geijer: Lina bei den Wölfen. Ravensburger Buchverlag, Ravensburg 1997

L. David Mech: Der weiße Wolf. Mit einem Wolfsrudel unterwegs in der Arktis. Verlag Frederking und Thaler, München 1990

Erik Zimen: Der Wolf. Verhalten, Ökologie und Mythos. Verlag Knesebeck und Schuler, München 1990

Ronald D. Lawrence: Auf der Spur der Wölfe. Wilhelm Heyne Verlag, München 1994

Candace Savage: Wölfe. Verhalten und Lebensweise in faszinierenden Bildern. Gerstenberg Verlag, Hildesheim 1994

Romane und Erzählungen für Leser ab 8 Jahre.

Max von der Grün
Vorstadtkrokodile *Eine Geschichte vom Aufpassen*
(rotfuchs 171 / ab 9 Jahre)
Nur wer eine gefährliche Mutprobe bestanden hat, darf Mitglied der «Krokodile» werden. Wie kann sich der querschnittgelähmte Kurt bewähren?

Hans Joachim Schädlich
Der Sprachabschneider
(rotfuchs 685 / ab 10 Jahre)
Paul läßt sich auf ein abenteuerliches und bedenkliches Geschäft ein: Ein Mann will für eine Woche Pauls Hausaufgaben machen, und dafür soll Paul ihm ein wenig von seiner Sprache abgeben.

A. Agthe / M. Seck-Agthe
Flußfahrt mit Huhn *Abenteuergeschichte*
(rotfuchs 540 / ab 9 Jahre)
Nach dieser Expedition legt Ganzo bestimmt kein Ei mehr ... Die spannende Forschungsreise kann auch als Video und im Kino miterlebt werden.

Elke Kahlert
Das verkaufte Kind *Eine Zwillingsgeschichte*
(rotfuchs 731 / ab 10 Jahre)
«Die aktive Laura und den schüchternen Martin muß man einfach gern haben, und wie sie sich für ein verzweifeltes Kind einsetzen, das ist so bedenklich wie das Bretterklauen, aber von Herzen gut gemeint und darum am allseits befriedigenden Ende voll und ganz zu verzeihen.»
Frankfurter Allgemeine Zeitung

Harald Grill
Gute Luft – auch wenn's stinkt
Geschichten vom Land
Erzählung
(rotfuchs 332 / ab 8 Jahre)
Da kräht kein Hahn nach dir *Bernd zieht in die Stadt*
Erzählung
(rotfuchs 548 / ab 10 Jahre)

Christine Nöstlinger
Die verliebten Riesen
(rotfuchs 471 / ab 10 Jahre)
Der Riese Satlasch ist auf der Fahrt zu seiner Riesenbraut Amanda, als ihm plötzlich das Benzin ausgeht ...

Mario Giordano
Karakum *Abenteuer in der Salzwüste*
(rotfuchs 721 / ab 10 Jahre)

Henky Hentschel
Jajas Klau *Ein Südseezauber*
(rotfuchs 683 / ab 12 Jahre)

Sylvia Brandis
Español *Rätsel um einen andalusischen Hengst*
(rotfuchs 656 / ab 12 Jahre)

4010/4

Tierisch

Sylvia Brandis
Momme *Geschichten vom Land*
(rotfuchs 688 / ab 5 Jahre)
Momme in Schweden *Die Dachsreise*
(rotfuchs 741 / ab 5 Jahre)

Jane Goodall
Mein Leben mit den Schimpansen
(rotfuchs 610 / ab 9 Jahre)
Die englische Verhaltensforscherin Jane Goodall erzählt die Story ihres aufregenden Lebens: Sie berichtet von waghalsigen Expeditionen und Abenteuern im afrikanischen Dschungel. Vor allem von Flint, Flo, Fifi und Greybeard, wildlebenden Schimpansen, die sie genau und geduldig über Jahre beobachtet hat.

Roald Dahl
Der fantastische Mr. Fox
(rotfuchs 615 / ab 6 Jahre)
Der fantastische Mr. Fox und seine Familie finden das Leben fabelhaft – bis zu dem Tag, an dem der gerissene Bauer Greulich eine wirklich greuliche Idee hat ...

Heinrich Hannover
Hasentanz *Vergnügliche Vorlesegeschichten*
(rotfuchs 818 / ab 4 Jahre)
Eine vergnügliche Begegnung mit längst vertrauten alten Bekannten wie dem Pferd Huppdiwupp, das immer noch eine Menge Unfug treibt. Und wer erinnert sich nicht an den Hasen Puschelschwanz, der dem Förster nicht mehr den Bart einseift, dafür aber mit seinem Hasennachwuchs zu dessen 70. Geburtstag erscheint!

rororo rotfuchs

Alma Reinecke /Bernd Eylers
Entengrütze *Klitzekleine Tiergeschichten*
(rotfuchs 821 / ab 5 Jahre)
Lena ist ein Highlandkälbchen und lebt bei Alma und Kurt im Bremischen so himmlisch wie im Bilderbuch. Aber diese Idylle ist waschecht! Alma erzählt aus dem wahren Leben: naiv-liebevolle Geschichten.

Sylvia Brandis
Español *Rätsel um einen andalusischen Hengst*
(rotfuchs 656 / ab 12 Jahre)
Woher kommt der atemberaubend schöne und kostbare Hengst Español? Weiß der skrupellose Pferdehändler Schimmer mehr, als er zugibt? Jan ahnt die Zusammenhänge und weiß von dunklen Geschäften. Eine spannende und brillant geschriebene Abenteuergeschichte.

Gabriele Heiser
Jakob ist kein armer Vogel *Die Geschichte von einem, der nicht fliegen kann*
(rotfuchs 386)

Dirk Walbrecker

Nana Blume ist 14 Jahre und ständig verliebt: in ihren Lehrer Peter, in ihren Mitschüler Jan, in den brasilianischen Straßenmusiker Falcao, in einen Filmpartner... Wer kennt sie nicht, die «Kuddelmuddelgefühle» der Pubertät? **Dirk Walbrecker** hat selbst drei Töchter und weiß daher zu genau, wie diese aufregende Zeit die Gefühle durcheinanderbringen kann. Er studierte Germanistik, Psychologie und Pädagogik und arbeitete in verschiedenen Berufen, bevor er 1982 freier Autor wurde. Seitdem hat er Hörspiele, Drehbücher, Sachbücher und Kinderbücher veröffentlicht. Seine Nana- Geschichten sind zusammengesetzt aus Tagebucheintragungen, Briefen und Bildern und kreisen um ein Thema: «Was ist Liebe??» Die Antwort findet sich in Walbreckers bittersüßen Büchern:

Ich liebe dich... und wer liebt mich?
(rotfuchs 595 / ab 12 Jahre)
Jan liebt Nana. Nana liebt ihren Lehrer Peter. Peter liebt Barbara. Barbara ist Nanas Mutter... Nana droht in den Wechselbädern ihrer Gefühle zu versinken.

Er liebt mich... und was tu ich?
(rotfuchs 633/ ab 12 Jahre)
Nana und Jan haben sich unsterblich ineinander verknallt. Der erste Kuß, die ersten Zärtlichkeiten... Doch Jan will mehr als Nana. Der erste Streit, die ersten Mißverständnisse... Je mehr sich Nana auf das Rätselwesen «Mann» einläßt, um so komplizierter wird das Kuddelmuddel ihrer Gefühle.

rororo rotfuchs

Ich bin Nana... und wer bist du?
(rotfuchs 681/ ab 12Jahre)
Wovon viele nur träumen - in Nana Blumes Leben soll es Wirklichkeit werden: Ihr wird die Hauptrolle in einem Kinofilm angeboten! Damit nicht genug: sie lernt auch den Jungen kennen, in den sie sich im Film verlieben soll und... verliebt sich sofort! Bin ich noch Nana oder die Film-Anna und ein bald bewunderter Star?, fragt sich Nana und bekommt jeden Tag neue, verwirrende Antworten. Aber dann kommt mal wieder alles ganz anders...

Witzig, spritzig und vergnüglich

Martin Waddell
Friedrich lernt Engel *Eine himmlische Geschichte*
(rotfuchs 638 / ab 8 Jahre)
Engel wird man nicht einfach so, erst muß man alle Engelprüfungen bestehen. Friedrich gibt sich große Mühe und hat es auch schon bis zum Hilfsengel gebracht. Wenn da bloß nicht die Flugprüfung wäre. Ein «himmlischer» Spaß, in dem es zuweilen auch sehr irdisch zugeht.

Bernhard Lassahn
Prima! Prima! *Ein Beo im Eissalon*
(rotfuchs 637 / ab 11 Jahre)
Bei Umberto im Eissalon gibt's nicht nur köstliche Eisbecher. Auch Caruso, der gelehrige Beo, lockt die Gäste. Merkwürdig, wie oft er mit seinen Bemerkungen ins Schwarze trifft! Ein köstliches Lesevergnügen für alle, die sich von Streß und Alltag erholen möchten.

Ursel Scheffler
Prinzessin Knallerbse
(rotfuchs 675)
Prinzessin Knallerbse ist keine Märchenprinzessin: Sie ist hübsch, klug, gelegentlich aber auch dickköpfig und jähzornig. Ihr Vater sucht einen Prinzen und Drachenbezwinger für sie, aber die Prinzessin macht da nicht mit ...

Felicitas Naumann
Als die Gummibärchen ihre Tüte sprengten
(rotfuchs 456 / ab 7 Jahre)
Als sich die Gummibärchen plötzlich selbständig machen, stehen ihnen aufregende Abenteuer bevor ...

rororo rotfuchs

Herbert Günther
Hulle Hansen, kurz Huha
Lachhafte Geschichten
(rotfuchs 604 / ab 10 Jahre)
Mit Hulle Hansen, genannt Huha, wird's nie langweilig. Ideen hat sie – und durchzusetzen weiß sie sich immer, wenn's nötig ist. Da ist zum Beispiel die Sache mit Familie Hansens neuem Anrufbeantworter. Der kann so schlagfertig Bescheid geben, daß es dem Anrufer die Sprache verschlägt ...

Roald Dahl
Charlie und die Schokoladenfabrik
(rotfuchs 778 / ab 7 Jahre)
Charlies wunderbare Erlebnisse im Willy-Wonka-Schokoladenland beweisen es: Es gibt ein Schlaraffenland!

Christine Nöstlinger
Der liebe Herr Teufel
(rotfuchs 167 / ab 8 Jahre)
Belze ist – teuflisch gesehen – eine Niete.

4025/3

Sachbuch

Blumen und Bäume. Kinder wachsen heute zumeist in Städten auf – und wissen so gut wie nichts über Flora und Fauna. Die Folge ist eine Art «Second-hand-Verhältnis» zur Natur. Dem will die Reihe **rotfuchs Sachbuch** entgegenwirken mit Büchern, die anregen zum Staunen und Fragen. Die Bücher über Bäume und Garten – geschrieben von kundigen und namhaften Autoren – wurden von dem jungen Grafiker **Arno Kolb** liebevoll und fotorealistisch genau illustriert.

Karin Walter/Arno Kolb
Mein Baum
(rotfuchs Sachbuch 740)
Ein Baum, was ist das? Stamm, Rinde, Blätter, Krone? Ein Baum ist mehr als ein Baum, und darüber erzählt dieses Sachbuch. Woher nimmt ein Baum die Energie, um Wasser in die Krone zu pumpen? Wie macht er aus Wasser und Sonnenlicht Nahrung? Welche großen und kleinsten Tiere gehören zum komplizierten Ökosystem Baum? Am Beispiel einer Kastanie, die der Großvater dem Enkel schenkt, wird das Baumwunder erklärt.

Gunter Steinbach/Arno Kolb
Mein Garten
(rotfuchs Sachbuch 758)
«Mein Garten» – das ist ein Stück Natur mit Blumen, Kräutern, Faltern, Vögeln ...

rororo rotfuchs

und Ernteglück natürlich. Zum erfolgreichen «Gärteln» aber gehören Kenntnisse. Kaum einer kann sie so kompetent vermitteln wie Gunter Steinbach: erfolgreicher Sachbuchautor, Preisträger des Europäischen Umweltpreises 92 und engagierter Schützer von Flora und Fauna. Das spannend geschriebene Buch über Gartenglück entstand auf seinem Bergbauernhof im Allgäu.

Beide Bücher eignen sich für Kinder ab 8 Jahre.

Die Reihe *rororo rotfuchs* wird herausgegeben von Ute Blaich und Renate Boldt. Ein Gesamtverzeichnis aller lieferbaren Titel findet ihr in der *Rowohlt Revue*. Jedes Vierteljahr neu. Kostenlos in eurer Buchhandlung.